同文書庫·厦門文獻系列 第五輯 捌

厦門大觀

吴雅純·編

厦门大学出版社
XIAMEN UNIVERSITY PRESS
国家一级出版社
全国百佳图书出版单位

图书在版编目（CIP）数据

厦门大观 / 吴雅纯编. -- 厦门 ：厦门大学出版社，2022.12

（同文书库. 厦门文献系列. 第五辑）

ISBN 978-7-5615-8758-4

Ⅰ. ①厦… Ⅱ. ①吴… Ⅲ. ①厦门一概况 Ⅳ. ①K925.73

中国版本图书馆CIP数据核字(2022)第183807号

出 版 人 郑文礼
责任编辑 薛鹏志 章木良
封面设计 李嘉彬
技术编辑 朱 楷

出版发行 厦门大学出版社
社 址 厦门市软件园二期望海路 39 号
邮政编码 361008
总 编 办 0592-2182177 0592-2181253(传真)
营销中心 0592-2184458 0592-2181365
网 址 http://www.xmupress.com
邮 箱 xmupress@126.com
印 刷 厦门集大印刷有限公司

开本 787 mm×1 092 mm 1/16
印张 15.75
插页 3
字数 230 千字
版次 2022 年 12 月第 1 版
印次 2022 年 12 月第 1 次印刷
定价 180.00 元

厦门大学出版社
微信二维码

厦门大学出版社
微博二维码

總　編：
中共厦門市委宣傳部
厦門市社會科學界聯合會

執行編輯：
厦門市社會科學院

『同文書庫·厦門文獻系列』編輯委員會

編　委：
潘少鑾　周　旻　何丙仲　洪峻峰　謝　泳　鈔曉鴻　李　楨　李文泰

主　編：
潘少鑾

副主編：
洪峻峰　李　楨

目錄

前言

本輯收入吳雅純編纂《厦門大觀》，現將相關情況略作介紹。

《厦門大觀》較《厦門指南》後出，影響也相對較小。城市『指南』類性質書籍，一般以實用為原則，後出同類書在體例上仿照前出是常例，不足為奇，凡實用性質書籍後出的優勢，一般體現在前書沒有的内容或者已有内容的新材料方面。《厦門大觀》雖比《厦門指南》晚了近二十年，但因為這二十年社會生活發生了極大變化，特别是經歷了抗戰，所以《厦門大觀》在材料内容上較前同類書還是有很大改進，雖然内容較《厦門指南》有減縮，但也增加了不少新内容，此書一九四七年出版，保存了很多二十世紀四十年代的厦門史料，而《厦門指南》主要是三十年代厦門史料，兩書同時使用，互為補充，構成那個時代完整的厦門史料。

《厦門大觀》的編纂者吳雅純（一九〇六—一九五五），字吳禮，厦門人。抗戰期間任厦門《兒童日報》社社長，漳州《大刀報》副社長、總編輯。抗戰勝利後任《厦門日報》社社長、厦門記者公會理事長，一九四九年後任厦門文化館館長，一九五五年病故。《厦門大觀》之外，吳雅純沒有專門著述，偶見零散文章。他是當時政府中的一個公教人員。二〇一〇年，吳雅純後人吳守忠曾負責復印《厦門大觀》，但印數較少，流傳範圍有限。

吳雅純在《厦門大觀》序言中說：『厦市原為通商口岸，富麗繁華，惟自淪陷以至光復，時過境遷，文物迥異，名山難存，人事全非，即老馬亦幾失途，豈但新臨行旅耳！』他在序中也提到此書是在《厦門指南》的基礎上重編的，因而體例大體同前，只是補充了因時代變化產生的新內容。書前有李禧題詩一首：『何年鐵網長珊瑚，一卷輸君記事珠。太息滄桑成夢影，無由煮酒話麻姑。』並感慨『厦志屢議修未能實現也』，李禧在厦門極有聲望，《厦門大觀》請他題詞，應該說此書得到廣泛認可，他如此評價，可見在他眼中，此書類似一本新厦門方志了。

吳守忠回憶說，厦門淪陷光復後，吳雅純感到時過境遷，人事全非，便決心編一本講述厦門的書籍。對厦門勝景、古刹、地理、禮俗、交通、文化以及機關團體、實業、淪陷概況等資料調查搜集後，歷時三個月編纂成書。

《厦門大觀》一個突出特點是對抗戰時期厦門當地情況記錄甚詳，書後列有《抗敵成仁志士調查》，報告分列《軍事工作成仁志士》《黨務工作成仁志士》《血魂團團員成仁志士》名錄，這些名錄詳細到年齡、籍貫、住址、犧牲地點等，成為寶貴的厦門抗戰史料。《厦門大觀》還記述了厦門民間抗日犧牲人物的詳細情況。日軍登陸禾山當天，第一個犧牲的是禾山后埔社義勇隊隊長林能隱，這些細節對研究厦門抗戰史多有幫助。書中還記錄了每一年犧牲的人數、原因、年齡等，他們分別來自福建各地，如南安、同安、龍溪，很多人非常年輕，像厦門潛伏人員歐陽彩霞，犧牲時只有二十二歲。

《厦門大觀》還專列《厦門漢奸罪刑錄》《厦門敵偽就殲錄》，記錄漢奸的罪行、住址以及懲罰等情況，對於瞭解當時複雜的抗戰形勢提供了多角度的史料。

《厦門大觀》對當時厦門社會情況的方方面面均有介紹，有一節專門記録《厦門之危險人物》，將當時妓女、小偷等情況也記録下來。

《厦門大觀》當時雖是一册以實用為目的旅行指南，但時過境遷之後，它已成為保留豐富厦門地方史料的珍貴文獻，已成為研究厦門現代歷史繞不過去的文本。

謝泳

二〇二〇年六月十日

廈門大觀
編輯者：吳雅純
總經售：新綠書店

閩南泉安民辦汽車路股份有限公司

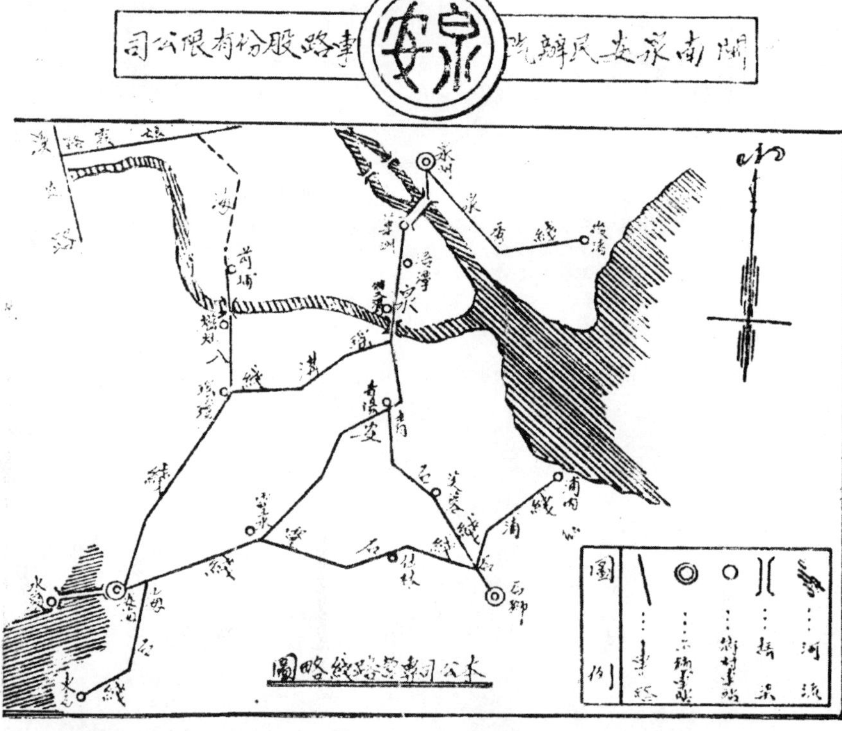

本公司泉安路線略圖

總管理處：晉江安海鎮　　電報掛號：4444安海

車站：分設泉州、青陽、石獅、安海暨各線主要市鎮。

本公司特點

歷史：爲全省最早之民辦汽車路公司開業至今已二十載。爲勝利後復員之最先者，通車已將一年。

路線：幹路及支路凡七線計長一〇八公里，所有路基橋涵均係自行備資築造。關於民田之給價推糧，亦早經辦妥。

設備：各線橋涵路面及站所碼頭均已極力設法恢復戰前舊觀，車輛亦不斷添置，以期增進安全——便利。

運價：客貨運價悉遵政府規定計程收費，與一般物價比較，堪稱便宜。

行車時間：各站間除早晚班車準時開行外（按時令規定另行通告）餘逢客滿即開。

歡迎指導：本公司以服務公用事業爲職志，對往來客商極表歡迎，倘有未週尤望[illegible]

↑由鼓浪嶼看廈門的輪廓

圖為輪渡●碼頭↑

鼓浪嶼之最高峯（巖仔頂）

名勝八景之一（虎溪巖）

↑圖爲中山公園之南門，爲四門中最壯觀瞻者，遊人亦以此出入爲多，是誠不負此門矣！

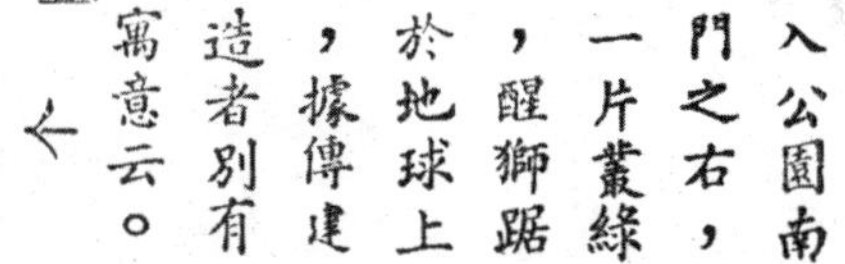

入公園南門之右，一片叢綠，醒獅踞於地球上，據傳建造者別有寓意云。←

↑碧山巖爲景外景之一，以飛泉得名，寺供神農，本市國藥公會所信奉者，廢而重修，址在思明南路末段，即廈港區東北山畔云。

虎頭山與鼓浪嶼之龍頭對峙，航輪入港時一望瞭然！

鴻山寺在市區與廈港交界處，雖爲名勝八景之一，惟近市區，未能免俗，故遊人較遜郊外名巖云。

圖爲從公園西部遠眺之鐘樓，該樓戰前司報時與報火警任務，戰時司發警報，今則寂無所聞矣！

大同路爲本市繁盛最早之市路，惟灣曲狹窄，人多路小，殊爲缺憾耳！←

→中山路爲最寬最直之市路，且爲市區中心由輪渡直通中華路越民國路達公園，不費周章，遊人稱便焉！

中華路爲橋亭段至前厦門海軍警備司令部故址：今一碑屹立，即敵僞毀我機關而改竪者，八年愴痛，標幟長留，此厦胞永不能忘也。←

↑思明南路横串中山路之首段，由思明戲院至廈港，由熱鬧之區以至幽靜之所，爲市區最長之市路云。

↑思明北路係由思明戲院至廈禾路，中有開明戲院在焉。

↑鷺江道爲鷺島沿江之市路，亦爲本市對外交通之樞紐，貨運起卸，行旅出入，多由於此云。

→市政府之大門警察局併設其內。

←地方檢察處，設於大同路之林氏宗祠內。

↓依然故我之自來水公司辦公處。

↑歸國華僑認爲難關之海關！

↑海後路電信局

↑海後路郵局

→廈港電廠

鎮邦路電燈公司↓

大元路電話公司↓

前爲台灣公會，
今爲司法機關。
前曾爲敵張胆，
今曾爲民伸寃？

廈門市商會
臨時參議會附設於
此樓高五層敵僞曾
佔設貨物陳列所

私立雙十中學

昔年名友半凋零之通俗教育社

海軍廈門要港司令部前為旭瀛書院

今秋復校之省立中學，憲兵隊附設於此。

廈門市黨部，為教育會原址

公園東門之——妙釋寺——

中山公園之水榭

廈港民生路之漁市場為淪陷時所建！

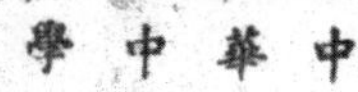
↑中華中學

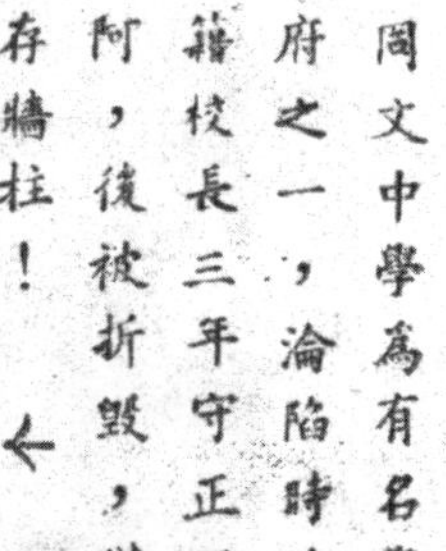
同文中學爲有名學府之一，淪陷時美籍校長三年守正不阿，後被折毀，僅存牆柱！←

學

→民十二年間台氓在廈橫行，吳姓族衆仗義與抗。廈市淪陷翌日，台奸爲報復前仇，引敵焚燬「大宗」（附設延陵基！

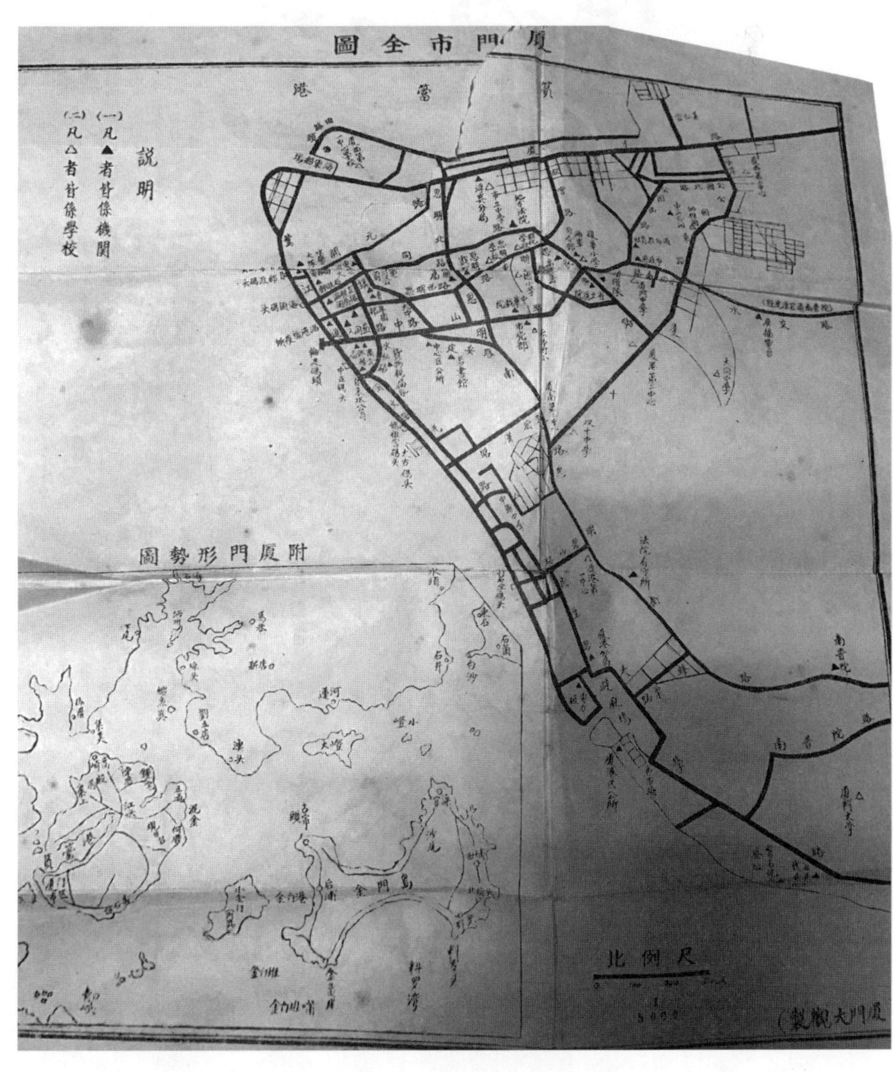
厦門市全圖
說明
(一)凡▲者皆係機關
(二)凡△者皆係學校
附厦門形勢圖
比例尺
(厦門大觀製

何筆鐵網長珊瑚
一卷輸君記事珠
太息滄桑成烏影
無由畫活語麻姑

謂廈志屢議修未能實現也

傅伊耆禧題

序言

厦市原爲通商口岸，富麗繁華，惟自淪陷以至光復，時過境遷，文物迥異，名山雖存，人事全非，即老馬亦幾失途，豈但新臨行旅已耳！爰是有「厦門大觀」之編印，舉凡勝景，古剎，地理，禮俗，交通，文化，以及機關團體，實業調查，淪陷概況等，多方搜集，合輯巨觀，費時幾經三月，而在編印期中，地方情形已略有變更，間或取材參差，在所難免，社會賢達幸有以教之。

至本書材料，多參考民二十年蘇警予謝雲聲二君所編之厦門指南，及最近厦市政府統計室編印之「厦門要覧」，編者未敢掠美，謹爲聲明如上。

中華民國三十六年二月一日　　吳雅純誌

目錄

∴沿革

地拓於宋，名始於明，市設於民國廿一年。廿七年五月十一日淪陷，卅四年十月三日重光。

廈門宋稱嘉禾嶼，又稱嘉禾里，屬泉州同安縣。攷鷺江誌云，宋太平興國時，產嘉禾一莖數穗故名。元因之設千戶所。明爲中左所，隸福建都指揮使司。洪武二十年（丁卯西歷一三八七）命江夏侯周德興築城於此，號廈門城，廈門之稱始於此。又因地形如鷺，或以未拓居時原爲白鷺棲止之所，故別有鷺島，鷺江，鷺嶼，鷺門之稱。

明嘉靖卅年（辛亥 一五五一）許葡萄牙人通商。

清康熙十九年（庚辛 一六八〇）移置總兵二十二年（癸亥 一六八三）靖海將軍施琅。（鄭成功叛將）鎮駐，設水師提督，開府於此。二十五（丙寅 一六八六）泉州府同知分設廳。

雍正五年（丁未 一七二七）又陞興泉永道。

道光二十二年（壬寅 一八四二）鴉片之役，依據南京條約開放爲五口通商口岸之一，嗣後曾置鎮守使或道台。

民國元年（一九一二）邑人舉代表赴省建議設縣，是年四月改縣治曰思明，蓋本延平郡王遺意也。旋升思明府。二年（一九一三）府制廢，仍設縣。後置海軍警備司令部。

二十一年（一九三二）福建省政府通過廈門設市，派許友超爲廈門市政籌備處處長。二十二年（一九三三）二月中旬，廈門市政籌備處成立。時猶市縣並立，廈禾分治，職權不清，易啓爭執。省府於是提出修正，改稱思明市，爲將來市縣合併張本，許氏兼攝縣篆。未幾明令廢縣歸市，是年八月，市處接收思明縣公署。冬，市政府成立，不久，閩變發生。

二十三年（一九三四）閩變敉平後，繼任廈門市長爲劉光謙，王固磐、余晉龢，李時霖、高漢鏊諸氏。

二十七年（一九三八）七七事變後，日寇大舉侵犯，廈門居沿海最前線，五月十一日不幸淪陷，於是在敵人鐵蹄下產生僞組織之「治安維持會」及「特別市政府」。抗戰期間，因市府內遷，繼高漢鰲之後爲第五行政區專員薩君豫，王英峯相繼兼任市長。

三十四年（一九四五）六月間，當局爲準備收復，派省府委員黃天爵兼任廈門市長，駐漳部署一切。八月敵寇正式投降，乃於十月三日會同黨政軍團各機關進廈接收。淪陷八載之廈市，慶獲重光，併轄禾山，

鼓浪嶼於清政府與各國訂立南京條約闢廈門等五埠爲通商口岸之時，在條約上原無租界之謂。至光緒十八年，始由當地官吏與英美德法日等國領事簽定鼓浪嶼爲公共租界。各國領事乃設立工部局及會審公堂，辦理地方行政暨司法事宜，其權限與上海租界之工部局相同。惟名目雖爲公共租界，而大權實操於英領之手。淪陷期間則爲日本所獨霸。現已與廈市同時光復，租界收回，置區公所及警察分局代昔日之工部局，轄於市政府。

∴地理

雄踞我國東南海
爲華南貿易要港

一・位置和疆界

廈門位於我國東南，當北緯二十四度二十七分（或云四十分），東經一百十八度二分，介於港滬兩大商埠之間。東與臺灣隔海相望。雄踞本省同安縣東南海中，港汊蜿蜒，列嶼拱繞。離同安縣城六十里；水程七十里。東聯烈嶼，金門，西接寶珠，高埔，南當太武，北傾丙州。西南界海澄，龍溪，東南出大擔，小擔通澎湖。近接漳泉諸邑，遠通南洋及國內各埠，爲華南貿易要港，尤爲內地轉運之區，亦華僑必經之門戶也。

二・面積

本市東西廣約一一，五公里，南北長約一三，五公里，全市面積佔省總面積爲千分之一（依福建陸地測量局全省面積統計表），全市面積爲一六六

，二〇〇市畝（即一一〇，八方公里）。

可耕地：「農田」約佔全市百分之十五强。

「林地」約佔全市百分之十强。

「荒山地」約佔全市百分之六十强。

「河川」約佔全市百分之三強。

「道路」約佔全市百分之二强。

「基地」約佔全市百分之十强。

三·地勢

廈門乃一浮島，碧海環繞，港內水深乏礁，潮退水尙廿餘尺，巨大輪船便於航行。全島縱橫三十華里有奇，由岩石而成一嶼，岡陵起伏，聳立島上，東南多山岳，西北稍平原，中部縮有篔簹港及鐘宅港、二港中隔陸地之江頭與西潘等社，約長二公里半。篔簹港長約五公里許，闊二公里有奇，中踞鳳嶼，潮至江頭社，鐘宅港近五通，長約五公里，闊不及一里，潮至洪水橋。市街跼蹐西南，三面臨海，北隣篔簹港，東南靠洪濟山，山迤邐而南，濱海爲胡里山，伸入廈門港。禾山平地一隅，拓爲耕區。

山岳與河川之比，有百分之九七，與平原之比有白分之七，與地谷之比有百分之九。河川與平原之比爲百分之零·五，與地谷之比爲百分之十，平原與地谷之比爲百分之六十，

最高與最低之海拔數依據前海關水標準測量在市政局門口（今開元路）標高以二一三九英尺，則最高者爲三三九公尺（洪濟山絕頂峯）（依十八年福建陸地測量局所測之地形圖）。

四·山岳

本市境內主要山脈爲洪濟山，距市區東北二十五華里，嘉禾山脈發源於此。上有雲頂岩，高三三五公尺爲全島諸山之冠。羣山耳伏，叠嶂拱護。迤邐西南而來有碧岩山，帽山，嶄然屹峙高約二五〇公尺；岡峻重疊起伏十餘里，蜿蜒而下，過東坪山與西山，西行至虎頭山，山形儼若一虎蹲踞因而得名，下則南普陀寺，寺東南經東邊社，瀕海有胡里山原築砲台。由胡里山折而東行有白石山，敵僞曾築砲台保衛，爲廈市頂要防線。寺背後有五老峯，

風景甚佳。由五老峯北跨篔簹港，經狐尾山，七星山，鴻虎頭山至仙岳山，高約二百餘公尺，列嶂橫飛，勢臨海澨，危石聳立。綿纊數里，雄偉壯麗。西有雙獅山，牛頭山圍繞，儼如屏藩蔽於海。又由仙岳山走向西北，蛇行二公里，踰烏石浦有田山突起，高一百餘公尺。又由洪濟山東北蜿蜒而下，經潘宅，高崙等社，赴七寶山高原而至虎仔山，高約一百五十公尺。

五・河流

廈門之河流，有七池八河十一溪之謂。七池者，即月眉池，雙蓮池，八卦池，演武池，河仔池，澳仔大池，放生池。今僅演武場之演武池，頂澳仔之澳仔大池及南普陀之放生池僅在而已。至於傳厝墓之月眉池，丹霞宮之雙蓮池及八卦埕之八卦池，與溪仔墘之河池早已填築樓屋。至八河即龍船河，黃厝河，甕菜河（即長寮河），關刀河，東嶽河，魁星河，鹽草河，竹仔河，迄今尚存者唯有厦港之關刀河與中山公園中之魁星河，鹽草河及東嶽河而已。民國十六年公園興建，三河遂被利用，貫通連接成為公園之水景。至於十一溪乃樵溪，水磨坑溪，帶溪，雙溪，霞溪，龍舌溪，古數溪，蓮溪，前後溪，港口溪，蓼花溪等是。

樵溪之水，發源於獅山及兩邊下山，與西枯嶺之水匯於深田內。水磨坑溪，經蒼裏社而入海，又洪濟山之水流東轉為古數溪而入海。龍舌溪源出洪濟山（雲頂岩）北流經潘宅社而入海。東北經蓮坂社之蓮溪，達篔簹港而入海。前後溪發源東坪山西姑嶺，在文灶社經金榜山後達篔簹港而入海。港口溪源出東坪山經上里社曾厝垵而入海。蓼花溪發源太平岩經萬壽岩匯注市公園三河而入於海。帶溪發源五台山經萬石岩至斗門而入海。雙溪發源於石泉及白鹿洞，至橋亭匯霞溪而入海。石頭皮之水流經后埔社，后塘社，與后塘各水匯合，經斗門而入海。虎仔山水流分二支在東宅社匯合，經浦口社而入海。

以上河流係靠天然雨水，僅供灌溉田地，故無寬狹深淺流量灘礁之記明。

六・島嶼

沿海島嶼羅列，計鼓浪嶼位廈門之西南，隔廈門港，面積〇．六九方公里，人口二二四八〇人。

圭嶼在廈島之西，海澄廈門界處。面積〇，五四方公里。屹立海中。明末曾建塔築城，今城已毀，塔猶存，居民絕跡。鳳嶼位廈門東北，約距二華里，在篔簹港中，面積〇，一二方公里，地頗平坦，築有堤岸，中建福建省第二監獄。猴嶼，犬嶼，大燒嶼等均係荒嶼，位廈市之西北，在廈門港中，面積〇，一方公里，〇，〇八方公里，〇，〇六方公里，為海澄縣龍溪縣至廈門市航路必經之地。餘如虎嶼，狗睡嶼，獅嶼，象嶼等俱亦荒嶼，位於廈門之北，亦均在廈門港中，面積〇，〇四方公里，〇，〇六方公里，〇，〇五方公里，〇，〇六方公里，為同安，南安，晉江等縣至廈所經之航路。

∴氣象

多晴少陰，氣候溫和
風多霧少，燥溼勻調

本市屬北溫帶內氣候溫和，且地瀕海洋，海風習習，調節本市氣候，更臻優美，每年多晴少陰，寒燠相差無幾，風多霧少，燥溼勻調，日出時間尤早，夏季約在六時左右，冬季七時餘，日沒時間，夏季在下午七時，冬季在五時半。

一·風向

本市多風，平均風速每秒二，〇〇公尺，風向因時而異，茲將歷年各月最多風向平均列左：

一月——二月	東風與東北風
三月	東風
四月——五月	東南風
六月	西風與西南風
七月——八月	西南與東南風
九月	北風與西北風
十月——十一月	北風與東北風
十二月——	西風與西南風

二·雨量

本市雨量以夏季為最多，春季次之，秋冬再次之，若按月份分配，六月為最多，其次為七月五月四月八月，全年雨量平均在一千二百公厘。

三·溫度

本市屬溫帶氣候，溫和適中，最高不超過攝氏三十六度，最低不下六度，平均在攝氏二十一度間。茲將各月最高低溫度（單位攝氏度）列左：

月份	最高	最低	月份	最高	最低
一月	十七	十	七月	卅三	廿七
二月	十九	十一	八月	卅五	廿七
三月	廿一	十二	九月	卅二	廿四
四月	廿三	十七	十月	廿九	廿一
五月	廿九	廿二	十一月	廿七	十七
六月	卅一	廿四	十二月	廿二	十三

四·氣壓

本市歷年各月氣壓平均（單位七五〇公厘）如左：

月份	氣壓	月份	氣壓	月份	氣壓
一月	一五	二月	一四，五	三月	一二
四月	九	五月	七	六月	五
七月	三，二	八月	三		
九月	四，七五	十月	一一，七五		
十一月	一三，二五	十二月	一五		

五·潮流

潮汐乃月之關係，故日期以農歷爲標準。

初一二三	辰戌漲	未丑退
初四五	巳亥漲	申寅退
初六七八	子午漲	酉卯退
初九十	未丑漲	戌辰退
十一二三	申寅漲	亥巳退
十四五	酉卯漲	子午退
十六七八	辰戌漲	未丑退
十九廿	巳亥漲	申寅退
廿一二三	午子漲	酉卯退
廿四五	未丑漲	戌辰退
廿六七八	申寅漲	亥巳退
廿九卅	酉卯漲	子午退

六·風信

暴期俗謂報頭，多有奇驗。諺云玉皇無暴，漁家莫做，蓋玉皇暴準，四季之暴始能準云。姑誌之以供參考。

正月初九日 玉皇暴　正月十五日 上元暴

正月廿九日　鎖九暴　二月初二日　白鬚暴
二月初九日　春明暴　二月十九日　觀音暴
二月廿九日　龍神會暴　三月初三日　玄帝暴
三月初七　閻王暴　三月十五日　眞人暴
三月廿三日　媽祖暴　三月廿八日　諸神朝上帝暴
四月初一日　白龍暴　四月初八日　太子暴
四月廿五日　龍神大會暴　五月初五日　屈原暴
五月十三日　關帝暴　五月二十日　分龍暴
六月十二日　彭祖暴　六月十九日　觀音暴
六月廿四日　雷公暴　六月廿九日　文丞相暴
七月初十日　神煞交暴　七月十五日　中元暴
八月初三日　灶君報　八月十四日　伽藍暴
八月廿一日　龍神大會暴　九月初九日　重陽暴
九月十九日　觀音暴　九月廿七日　冷風信暴
十月初五日　風信暴　十月初十日　水仙暴
十月二十日　東嶽朝天暴　十月二十六日　翁爹暴
十一月十七日　西嶽朝天暴
十一月二十九日　普菴暴
十二月二十四日　送神暴

人口

廈禾港鼓區編八九保　人口數二一四五八〇

一、歷年人口

本市人口於清末宣統年間，統計爲八九五一六人，及至民國設思明縣臨時爲一一〇四六〇人，民國十六年爲一二七四四一人，民國二十六年爲一八一〇九七人，以上數字，僅係廈門市區而已，因其時禾山方面，係設特種區署，而鼓浪嶼卽爲公共租界，均不在廈門市管轄下，若連禾山鼓浪嶼兩處合計，卽本市二十六年人口總數爲二六五六三一人，民國三十三年敵僞佔領期間內，市況一落千丈，且敵僞毒燄囂張，稍忤其意，動輒格殺，民不堪命，紛紛潛奔內地，時廈禾鼓所存人口總額，僅八八六九二人，不及戰前三分之一，截至卅五年十月止，據市警察局調查爲二一四五八〇人。附表如下：

二、保甲戶口

區別	保數	甲數	戶數	人口	本籍	寄籍	合計
中心	三三	四八四	一八九三一	男	三四七八三	三七九六四	一四七八〇三
				女	三七三六一	三七六九五	
廈港	一四	一九一	三一〇三	男	六二〇五	一一七一	一三九七八
				女	五五八一	一〇三一	
禾山	二〇	三七九	六六四五	男	一二九九〇	二〇三七	三〇三一九
				女	一三三四三	一九四九	
鼓浪嶼	一八	二五〇	四二六一	男	四二二七	六四六七	二三四八〇
				女	四六五六	七一二〇	
統計	八五	一三〇四	三二九四〇		一一九一四六	九五四三四	二一四五八〇

三、外僑

卅五年十二月調查報告

國別	男	女	合計
英國	一三	一一	二四
美國	四	四	八
蘇聯	一	一	二
白俄	一	〇	一
荷蘭	四	二	六
菲律賓	七	四	十一
瑞士	一	一	二
瑞典	三	一	四
丹麥	二	六	七
葡萄牙	三	四	七
西班牙	五	二	七
德國	一	一	二
總計	四四	三七	八一

政治

廈門兩乘軍港商埠之要，又爲華僑出入孔道，故國防、經濟與僑務均列主要

廈門天賦優良條件，兩乘軍港商埠之要，故內外交通輻輳，市肆繁雜，人口二十餘萬。人多事繁，軍政機關於是林立。至七七事變翌年，本市不幸淪陷，墮落敵掌者八年。抗戰勝利，三十四年十月三日，我軍政各機關推進接收，重見天日，漸次恢復舊觀。因既爲軍商與港，又爲華僑出入必經之地，故主要執政機關，爲軍事、經濟與僑務。且民主奠定，自治機構尤多，茲將各部機關分述如下：

一・民意機關

甲，本市保民大會於三十四年十二月全部成立，計廈南區十七保，廈西區十六保，（以上兩區後合併爲中心區，保數同），廈港區十四保，鼓浪嶼區十八保，禾山區三十保，共九十五單位。嗣因禾山區保數裁併三分之一，保民大會亦隨之縮減爲八十五單位。保民代表繼以產生，有楊忠信等六十六名，代表主席爲周永權。

乙，區民代表會，各區公職候選人申請檢覈已辦理完竣，現在初選中。

丙，臨時參議會於卅五年二月十六日成立，臨時參議員奉省府圈定陳烈甫，嚴焰，吳雅純，莊金章，周冰心，王連元，李禧，李伯端，薛漢英，蘇谷南，韓福海，駱萍蹤，李鐵民，李碩果，許耿光，楊景文，陳隶璋，陳清波，曾幻凝，許子暉，胡資周，鄭善政，陳鏡輝，林雯英，戴蒸然，阮玉田，白格外，吳金聲，丘廛虢，莊文潮，楊緒賓，許揚三，黃省堂，葉英，龔金水，吳秀英等卅六人，陳烈甫兼正議長，嚴焰兼副議長。十二月二十二日參議員正式普選，中選者計中心區王兆鑑，駱萍蹤，葉英，龔金水，紀肅亭，陳敬昭，吳雅純，胡資周，李世俊，莊毓卿，候補有周冰心，王賚，陳水南，林君玉，蔡雄，葉淑仁，張達有，林眉山，嚴笑棠，劉禮芳。廈港區爲紀迺文，駱木仁，張正和。候補黃謙若，黃志堅，紀世齡。鼓浪嶼區爲張聖才，許春草，陳欽夫。候補陳烈甫，楊清江，黃省堂。禾山區爲黃敬賢，孫嘉武，薛安修，江定邦。候補陳原潭，薛漢英，王悲蟬。職業團體 商會殷焰，莊金章。候補林大勝，戴燕然。總工會許子暉，曾幻凝。農會吳廷玉。教育會王連元。漁會阮玉田。自由職業吳金聲。候補林大綏。成立在卽，議長待選。

二．區公所保甲

本市於卅四年十月三日重光，開始整編保甲，同時成立區公所，委派臨時保甲長。至卅五年一月間所有甲長全部實行民選，保長亦於二月間選舉。區公所初期成立五單位，六月初將廈西、廈南兩區合併爲市中心區公所。區公所設區長，副區長各一人，指導員，會計，事務雇員等六人。區長綜理全區事務，副區長協理區政事務，指導員會計分掌民政、財務、教育、建設、會計等事務。並設調解建設委員會。中心區區長施振華，廈港佘承莊，鼓浪嶼莊鏡昌，禾山張宗雲。

三．人民團體

本市經已組織成立之團體計有農業團體三，會員七百九十七人。漁業團體一，會員六百五十三人，工業團體十六，會員三千六百七十七人。商業團體廈鼓共五十九，會員三千六百一十人。教育團體五，會員一百九十一人。社會團體二十，會員五千二百五十一人。自由職業團體四，會員二百五十七人。合計一百零八單位，會員一萬三千九百八十四人。

茲將各團體之負責人及其地址彙列如下：

甲，農業團體：

市農會　吳廷玉　中山路市黨部

禾山區農會　孫嘉武　禾山區公所　電話六一

廈港區農會　紀迺文　大學路五號

乙，漁業團體：

市漁會　阮玉田　沙坡尾漁市場

丙，工業團體：

市總工會　龍金水　海後路十一號　一三一號

理髮　陳永惠

烹飪　倪鑒卿　思明南路東亞酒樓　一一三二

人力車 林賚 禾泰路二七號

挑挽 龔金水 海後路十一號 一三一號

民船 王有亮 海後路二號

清潔傭工 甘鴻結 禾泰路一四〇號

旅棧 楊曦濤 人和路

鞋業 鄭細貨 定安路二九號二樓

屠宰 曾幻癡

灰磚 陳有輝 兜仔尾二五三號

機器 許子暉 鎮邦路二一一號 四一〇號

落海理貨 陳成宗 海後路二一號 七四八號

縫紉 鄭世杰 思明南路

金銀器 林文興 大同路三七七號 一一三四

建築 許春草 鼓浪嶼維新路三七 一二七號

娛樂 林水影 中華戲院 一八二號

造船 黃媽賜 大學路

捲烟 吳來朝

丁，商業團體：

市商會 嚴焰 中山路三五一號 三九三號

糧食 魏金火 鷺江道新源行

綢布 李世俊 大中路三十三號 七九五號

百貨 莊金章 大同路四六二號

錢莊 陳江水 中山路三〇六號 一九六號

糕餅 章思豪 廈禾路

糖油 丁乃揚 開禾路八十號

魚行 紀世齡 民生路

鮮果 陳學海 帆礁金成興行

參藥 林絜成 人和路乾德行

五金 林大勝 中山路建興行 五〇四號

紙業 駱萍蹤 橫竹路洪利茂

京果 王祖華 開元路捷茂行

麵粉 陳天富 打鐵街

駁船 黃壽峯

猪牙行 紀肅亭 大井脚

港滬採運雜粮 翁吉人 廈禾路天成行

売灰紅料 王永辭 豆仔尾中南號

酒業 郭禮宗 開禾路春生堂

人力車 陳良弟 豆仔尾二七號

印刷 胡資周 中山路二四六號 五〇五號

菸酒業	葉艮田	海後路	
柴炭	卓清溪	思明南路資生	
魚攤	李佛	第七市場	
烹飪	周義秋	古營路一號	九二六號
國際貿易	嚴焰	廈禾路一八六	
鞋業	林江村	大同路永佳	
金銀	陳庇蒼	大同路三八一	六〇七號
木器	王文彩	廈禾路雲燦	
茶業	林濟舟	水仙路奇苑茶莊	
報關	張錫九	海後路五號	八五號
國藥	陳德友	大同路七四號	
棉紗	吳芳遠	昇平路裕泰	二〇七號
傢私	蘇志興	中山路神州木器店	
醬蜜	翁教育	廈門港金新街	
舊貨	莊朝輝	思明北路中華	
銀信	陳鏡輝	海後路瓷華公司	
照相	歐陽墳	中山路美的	
旅棧	陳水南	海後路同安公司	八四五號
山貨	嚴溪泉	大同路大陸行	七三四號
肥料	黃心傳	中山路和益行	七七七號
製麵	林志賢	思明東路八十二號	
新藥	白碁生	鎮邦路	八〇三號
縫紉	鄭仁官	思明南路思明洋衣店	

鼓區商業團體

鼓區商會	陳欽夫	泉州路七三號	三五四號
鼓綢布	卓全成	龍頭路七七號	二三一號
鼓柴炭	黃顯文	龍頭路四一四號	
鼓海味	駱相興	龍頭市場內協興號	
鼓屠宰	朱雞	龍頭市場內	
鼓金銀	溫振明	龍頭路三七六號	一七號
鼓菸酒	周席珍	康泰路一五號	四一一號
鼓鞋業	黃文星	龍頭路二五一號	
鼓米業	張火生	市場內四號	
鼓烹飪	姚來進	泉州路四五號	
鼓麵豆腐	李慶發	市場路三七號	
鼓中西服裝	張學銘	龍頭路三三四號	一四五號
鼓糕餅	郭和尚	龍頭路四八四號	
鼓百貨	陳燕	龍頭路三九四號	
鼓中西藥	黃奕田	龍頭路	
鼓傢私	李惠澤	龍頭路四四六號	

戊，教育團體：

名稱	負責人	地址	電話
中心區教育會	呂仲駒	台光街	
廈港區教育會	莊雲彬	思明南路二二五	一一六二
禾山區教育會	呂伙伴	祥站社	
鼓浪嶼區教育會	甘朝駒	海壇路五九號	一一五
海疆資料館	陳盛智	虎園路	
廈門文化協進會	陳盛智	光彩街	
通俗教育社		中山公園內	

己、社會團體：

名稱	負責人	地址	電話
市婦女會	林碧玉	圖書館	一九八
中心區婦女會	吳玲娜		
廈港區婦女會	許素娟	大學路	
華僑協會	張瀾鎔	晨光路五二號	四二〇
益同人公會	黃明智	海後路二號	七四五
海澄同鄉會	蘇向仁	大同路四八三	
漳浦同鄉會	藍長江	大同路四八三	
惠安同鄉會	駱萍蹤	廈禾路	
南安同鄉會	林華慶	夾板寮三十號	
龍岩同鄉會	黃時甫	中山路重慶行十號	五八三
福州同鄉會	林大綬	公園東路八號	一九三
安溪同鄉會	許子暉	鎮邦路四通號	
廣東同鄉會	黃仲光	中山路號四樓	
同安同鄉會	陳敦仁	小走馬路	
台灣同鄉會	陳西春	大中路一九號三樓	二三一
莆仙同鄉會	黃鑄	內武廟二十號	
永定同鄉會	巫如珊	公園西路	九四八
晉江同鄉會	蔡衍吉	晨光路五二號	四二〇
江蘇同鄉會		峯巢路	
南溪同鄉會	蘇華山	大同路五二一	一〇二四
菲律濱血幹團駐廈辦事處	周冰心	水仙路	

庚，自由職業團體：

名稱	負責人	地址	電話
中醫師公會	陳慶雲	海後路二號	七四八
醫師公會	吳金聲	同文路一號	
律師公會	林大綬	公園東路八十號	一九三
記者公會	吳雅純	思明南路	八二

四、主要機關

甲，市政府

市政府爲全市首要機關，民廿七年廈市淪陷，市府撤入內地，名存實虛。卅四年九月三日抗戰勝利，十月三日市長黃天爵率部接收。時市府設四室五局三科：祕書室、人事室、統計室、會計室、警察局、財政局、教育局、工務局、衛生局、民政科、社會科、軍事科。卅五年冬，省令着手整理地籍，地政局乃設。後因市府人事繁多，財政支絀，九月，裁員減政，機關緊縮，乃改局為科。此外，市府轄有稅捐征收處，地方行政幹部訓練所，救濟院，公園管理處，圖書館，禾山及鼓浪嶼衛生事務所，市立中學，以及各區公所等。

厦門大觀

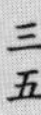

市政府組織系統

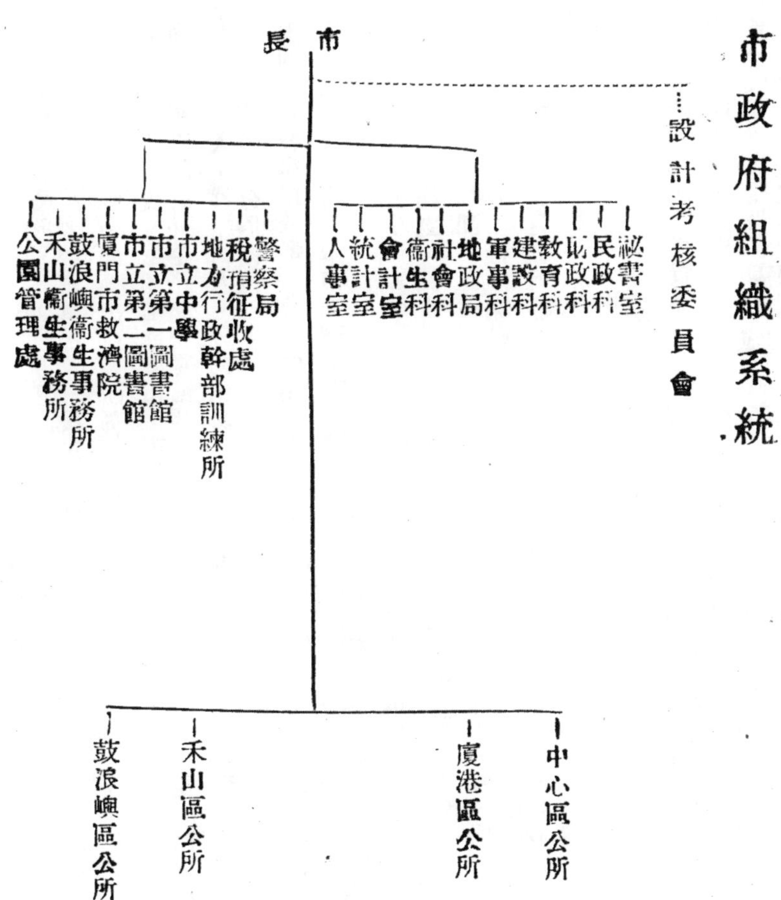

乙，黨團

黨團之責任在組織民衆，促進地方自治監督政府之施政。本市之國民黨廈門市黨部及三民主義青年團廈門分團部，於抗戰期間，浴血與敵周旋，對黨對團建功厥偉。勝利後，黨團推進本市，市黨部設於台光街，青年團設於昇平路。市黨部現設有書記長一人，祕書一人，幹事三人，分司總務、組訓、宣社。又於本市各區分設區黨部。

青年團則由七幹事組成幹事會，中由一人兼幹事長，一兼書記，專責總攬本市團務，下轄總務、組訓，宣社三股。

黨團任務除組訓工作外，又有附辦各種社會事業，計市黨部有社會服務處，婦女識字班，廈港社會服務處製冰部，前哨劇團。青年團有青年日報，青年服務社，青年體育會，青年劇社，青年銅樂隊，青年婦女補習班，青天月刊社等。

丙，軍警

廈門介港滬之間，屏於臺灣之後，港內深邃，形勢險要，爲國防要地，且係貿易要埠。現本市設有海軍廈門要塞司令部，負責防守本市；海軍廈門要港司令部，負責管制廈門海軍基地艦船之進出。而水陸警察則分掌水陸之治安事項。憲兵隊巡視本市官兵之軍風紀。此外，又有國民兵隊之組織，隸屬軍事科，乃由廿一至卅五歲中之市民挑剔訓練，而成，協防本市。

丁，稅捐

本市稅收機關，國稅者有財政部海關廈門關，財政部福建區直接稅廈門分局，財政部福建區貨物稅廈門分局，地方稅者有市政府稅捐征收處。前者轄及內地數縣，後者僅有廈禾鼓。海關負責征收外國貨物進口稅及數種國產出口稅，直接稅局負責征收印花稅、遺產稅、及營利事業、薪給報酬、證卷利息存款、租賃，綜合等種所利得稅。貨物稅局負責稽收菸酒、糖、飲料品等稅。而稅捐征收處所稽征者乃營業稅、契稅、娛樂捐、宴席捐、屠宰捐、警捐、房捐、營業牌照捐、使用牌照捐、碼頭租金、公產租金等。

戊，法院

戰前廈門司法機關原有福建高等法院第一分院及思明地方法院，此兩機關均因受戰爭影響，破壞一空，非但司法人員四散（高等法院第一分院撤入龍岩），卽器具檔卷簿册及一切設備亦蕩然無存。

抗戰勝利、廈市光復，福建高等法院與廈門地方法院始奉令設復。

廈門地方法院管轄區域爲廈門市之範圍，辦理民、刑第一審案件及非訟事件·不動產登記各事項。置有院長、庭長各一，推事五人。廈門地方法院檢察處係辦理刑事之提起公訴事項。首席檢察長一人，檢察官則有三人。

福建高等法院第一分院所轄第四、第五、第六、三個行政區，辦理事項則不服廈門地方法院之第一審判決而上訴之民刑訴訟案件，不服廈門地方法院裁定之抗告事件及特別犯案件等。高一分院有院長庭長各一、推事五人。高檢亦係公訴轄內所發生之刑事而不服第一審判決上訴案件。首席檢察官一人，檢察官二人。

己、各主要機關首長一覽表

機關名稱	首長姓名	地址
廈門市政府	黃天爵	公園南路
中心區公所	施振華	定安路
鼓浪嶼區公所	莊騄昌	鼓浪嶼嶺頂
廈港區公所	李承莊	廈港
禾山區公所	張宗雲	江頭社
市參議會	陳烈甫	中山路
廈門市黨部	黃謙若	台光街
廈門青年團	郭薰風	昇平路
海軍廈門要塞司令部	滕雲	復興路
海軍廈門要港司令部	劉世楨	民國路
空軍第九十一站	饒正明	溪岸路
國防部廈門復員站	姚傳倍	公園西路
廈門憲兵隊	徐亞棠	玉屏巷
水警隊第二大隊	王福青	開元路
廈門市警察局	徐步奇	公園南路
思明分局	安尚志	思明西路
浮嶼分局	張啓生	思明北路
鼓浪嶼分局	練友三	嶺頂路
廈港分局	盧文欽	廈港民生路
禾山分局	林秉霖	禾山江頭社
偵緝隊	宋子岑	民國路
水警偵緝隊	林庶賢	晨光路
保安警察隊	林讚義	同安里
高等法院第一分院	李襄宇	民國路
高等法院檢察處	張愼微	民國路
廈門地方法院	柯凌漢	民國路
地方法院檢察處	余高堅	大同路
福建第二監獄	陳善元	鳳嶼
航政局廈門辦事處	李公明	鷺江道
廈門電信局	楊元拔	南後路
廈門郵務總局	林詩南	海後路
廈門海關	鈕曼	海後路
直接稅局	陳甯	昇平路
貨物稅局	凌從新	水仙路
廈門稅捐征收處	陳國衡	公園南路
鹽務管理局	趙一琴	鷺江道

敵偽財產處理局	卓振倫	大中路
善後救濟總署	林承志	深田內
海港檢疫所	林泉盛	鷺江道
厦門僑務局	江西醒	中山路
閩南儲運分處	張式玉	中山路
省立第一醫院	王志超	民國路
防疫大隊工作隊	鍾霖	虎園路
市衛生事務所	蔡鴻恩	公園南路
鼓浪嶼衛生事務所	林慮棠	博愛路
厦門市救濟院	藍長江	後江埭
公園管理處	楊紹丞	公園內
市立第一圖書館	李禧	小走馬路
市立第二圖書館	戴光華	鼓浪嶼港仔後
厦門市幹訓所	黃天爵	小走馬路
中央日報社	鄭善政	昇平路
江聲報社	許榮智	思明南路
星光日報社	胡寶周	中山路
立人日報社	王兆畿	中山路
青年日報社	郭薰風	光彩街
時代晚報社	王賚	開禾路
宇宙報社	余振邦	大同路

五·僑務

國人僑居海外者數有千萬，而本省則佔其半。鴉片戰役以前，華僑之出入大率由於泉州，迨五口通商以後，厦門闢爲商埠，本省對外貿易轉移於此，商賈雲集，船舶輻輳，五百萬閩籍華僑出入之門戶，遂易泉州而厦門。於是厦門與華僑關係日切於茲已感百年矣。華僑僑居海外，如在南洋各屬，操縱當地產業，生活大多優裕，其匯款返國實彌補本省之入超，使本省經濟不致破產，且得以從事投資建設鄉梓。是故，本市之僑務實爲切要。

抗戰期間，華僑亦慘遭浩刼，抗戰勝利，交通日漸恢復，有華僑出國復員無能者，故行政院善後救濟總署及聯合國善後救濟總署聯合創設華僑復員遣送站於大生里舊址，資遣華僑出國復員。除此，自費出國及入國者亦多，匯款日頻，本市金融遂呈活躍，銀信局及客棧開業有如雨後春筍，華僑人民團體之設立亦然。茲附本市收復後出入國華僑統計於下：

甲、入國統計（卅四年十一月——卅五年十二月）

月份	航數	非律濱	馬來亞	爪哇	蘇島	緬甸	合計
卅四年十一月	一	九三二					九三二
卅五年一	一	九四七					九四七
二	三	三五三三					三五三三
四	一	三二二					三二二
五	三		七九四		二		八〇六
六	五	二一五七	七二八	六五〇			三五三五
七	三	四八七	九七六				一四六三
八	六	一三七八		六九二			二〇七〇
九	六	二二一三	二三四七	一〇四三			五六〇三
十	五	一五二五	三五四六	一二			五〇八三
十一	八	二二七八	四四一六	一三三一		二一二	八二三七
十二	七	三七〇	一八八一	九五七	一九七		三四〇五
統計	四九	一六一四二	一四六八八	四六八五	二〇九	二一二	三五九三六

乙、出國統計（卅五年四月——十二月）

月份	航次	非律濱	馬來亞	爪哇	越南	合計
四	一	三五				三五
五	二	一八	三			二一

六	五	四五				四五
七	三	五一七				五一七
八	七	一二三三				一二三三
九	六	九一七	三三			九五〇
十	二	一二一一	一〇一一			一一三二
十一	八	七〇〇	一五二八		六五	二二九三
十二	七	八七一	八九一	一		一七六三
統計	四一	四四五七	三四六六	一	六五	七九八九

●金融

光復後金融活躍，機構林立，調濟盈虛，全市百業復興，繁榮可期！

百業之措施，金融即其命脈。故商業之繁榮，工業之發展以及任何事業之創辦，胥賴金融之活動。金融機構之勃盛，即反映金融之活躍，故銀行、信局、錢莊，實資金融之旋轉，調盈濟虛，藉以圓滑。本市之經濟體制，素未能脫出依賴僑匯之域。抗戰翌年廈市淪陷，四行撤退，僑匯機以斷絕，且因敵偽創設偽中央儲備銀行及偽市立勸業銀行，發行偽鈔，幾達十一億元之鉅，掌握本市金融，於是一般農工商業資金全受敵偽統制，搾取；故百業蕭條，各商業銀行，與信局，錢莊相繼被迫停業。迨至本市光復，各地資金漸次歸來，且僑匯再通，市面金融復甦，各業漸趨復興，於是金融機構紛紛復業。

機構

本市金融機構自光復後紛紛設立開業。銀行業屬於國營者有中央銀行，辦理存放款、匯兌、儲蓄、行莊交換及外匯、國庫等業務；官商合辦者有中國、交通、農民等行，辦理存放款、匯兌、儲蓄。

省營者有福建省銀行，辦理存放款、匯兌、儲蓄、市公庫。市營者有廈門市銀行，辦理存放款及儲蓄。商營者有華僑銀行，辦理存放款、匯兌。新華信託儲蓄銀行，辦理存放款、匯兌信託、儲蓄等業務。中南銀行，辦理存放款、匯兌、儲蓄、信託、保管、倉庫及代理太平保險公司之保險等業務。中興銀行，辦理存放款、匯兌、信託。國華銀行，辦理存放款、匯兌、儲蓄、信託、倉庫。集友銀行，辦理存放款及儲蓄。工礦銀行，辦理存放款、信託、儲蓄。外人經營者有安達、匯豐兩行，辦理存放款及匯兌。郵政儲金匯業局亦於卅五年秋設立，辦理存放款、信託及儲蓄等業務。至於銀號錢莊亦不下三十家，銀信局即多至九十餘家。但銀號錢莊僅係匯兌性質，銀信局專收僑匯，不營存放款業務，留待「匯兌」專文介紹。

貸款

貸款業務本市各銀行均有經營，純係商業性質，期限三月，月息七分爲多，至輔助農工貸款爲農民等銀行，卅五年止僅貸放農貸與漁貸兩種。漁貸爲數二百萬元，貸放對象爲漁會或合作社。漁民欲舉借款者，皆須先加入漁會或合作社，然後由會社統籌分配；利率月息二分，期限一年。農貸爲數一千萬元，貸放對象亦以農會及合作社，利率年限亦與漁貸同。現已貸放者有十一單位（每一會或合作社爲一單位），尚有若干單位在繼續貸放中。至於少數負圖厚利，挹注本市金融，移貸於上海，以博十五分至二十分之利息者，是爲本市經濟之蛀虫，不足道也。

匯兌

卅四年國軍入廈，僞鈔禁止通用；四行及省行皆攜來大批國幣以供流通，各機關，人民團體，商人亦皆由內地匯出鉅量資金，故該年度匯入比匯出高至數倍，匯出者以商人經營生意，匯往港滬台灣一帶購貨爲多。至僑匯方面以菲律濱最多，其他各地因受當地政府限制，匯來者爲數較少。（戰前統計僑匯以英屬馬來亞之新加坡檳榔嶼爲最鉅，約佔四成，次爲菲律濱得三成，再爲荷印約得二成半，餘如越南爲百分之五。）華僑匯款大部由銀信局經辦，因銀信局須負責派遞收款人之回信。銀信一途初無專業，前清光緒三十年之先，華僑寄款回國者，皆由客頭（客棧派往招攬顧客之人）兼收。後因客頭並非有所組織，信款或有損失，於是批館（銀信局）設立，而與南洋英荷通匯。迨民國十二年郵政收回，銀信始有專業，但其幫名統稱福建，後始有五縣與七縣之分。其時僑匯無多，自民十後，本省內地匪氛大熾，民生傾向出國者日衆，因之匯款遞增，銀信局遂成今日擴展局勢。該業在民十以後十年中爲全盛時代，民國廿五年政府統制金融，禁止民間使用雜票，爲銀信局重大之打擊。銀行復兼營匯兌，加以資金雄厚，手續利便，銀信局受根本之動搖。但銀行依例不能兼營信業，且放賬一項亦爲銀行所不及。凡此業者其機關遍及內外，如非分局亦必連號，藉以連絡。此銀信業賴以生存也。

錢莊性質雖與銀行略同，唯資金微弱，已未能作存放款之營業，業務遂專於兌換各國金銀鈔幣，兼理各港輪船客票。戰前此業對各埠匯兌均有定法計算，戰後因我國外匯未能穩定，故此業多轉營黑市，業務頗佳。

金融機構之負責人及地址

銀行

行號	負責人	地址	電話
中央	吳本景	海後路廿九號 鼓○晃岩路卅四號	五二八號
中國	顧叔屏	水仙路四十七號 鼓，晃岩路三十號	二八七號
交通	陳龍田	海後路三十號 鼓，晃岩路三十二號	四九四號
農民	吳存德	海後路三十二號	五四四號
郵政	林託山	鎮邦路一四〇號	一〇二二
工礦	潘由財	海後路二十八號	一一四一
省行	許宣平	海後路 鼓○龍頭路四十五號	四〇〇號
市行	張　述	昇平路四十二號 鼓●龍頭路六十三號	六二〇號
集友	陳厥祥	海後路二十七號	五一五號
新華	蔡汝津	昇平路四十號	八三五號
中興	王應晞	中山路三六一號	

中南	馬錫嘏	中山路三六五號 鼓○龍頭路四十號	三〇三號
國華	朱文欽	海後路五號	八二二號
華僑	洪炯煥	鼓○福建路六十五號	三四〇號
安達	白格外	海後路二十六號	
匯豐	羅弼臣	中山路三六九號	

錢莊

莊號	負責人	地址	電話
同和	吳迅桂	中山路二八一號	
集裕	林萁吉	中山路二四五號	一九七號
義發	劉天才	中山路二六九號	
大川	吳壽全	中山路三二九號	四〇四號
豐源	曾挺槐	中山路三三一號	四〇七號
集成	鄭弈山	中山路二六六號	一九二號
萬豐	吳年來	中山路二八四號	八九八號
泰興	許少倍	中山路一八六號	一六六號
榮茂	林榮欣	中山路二九二號	
捷勝	高廷棟	中山路三一二號	二一七號
萬益	邱清琛	中山路三八一號	
恆元	詹根福	中山路三一四號	三七二號

華記	陳江水	中山路三〇六號	一九六號
聯華	吳秋潭	中山路二六〇號	二五四號
三興	雷宜良	海後路四七號	五六一號
怡原	蘇警贊	昇平路三號	
永記	李光堅	昇平路七號	六九三號
順泰	許振贊	鎭邦路二號	一〇六號
協順	黃友諒	鎭邦路九號	七〇九號
華南	林四海	鎭邦路五三號	
同安公司	陳水南	海後路八四號	
勝利	陳江水	鎭邦路一五號	九六四號
大生	王聲遠	中山路一一六號	
聯順	王清順	中山路二九四號	三九〇號
勝益	吳連傳	中山路二九二號	一九一號
茂華	洪炳煌	鎭邦路四八號	

銀信

鏡記	陳鏡輝	昇平路三五號	
華南	林志達	鎭邦路五三號	二〇九號
和豐	林德昌	海後路二四號	三一六號

瑞記 林萬鼎 大元路一三號

德盛 林本傳 中山路二六七號

建南 林明銘 昇平路一七號 六四三號

南理 洪隆元 昇平路一七號

南昌 洪文炳 中山路二七號

時盛 陳永議 中山路二九號

漢昌 李祖永 中山路二五號 一〇七五

源興 李成田 海後路五〇號 一一八五

三春 雷鄒魯 海後路四七號

慶豐 和協 莊文慶 海後路四一號（三樓）

正大 郭尙霖 人和路五一號 二五〇號

南通 和記 吳迪述 人和路八一號 六四七號

同興 范鏞輝 人和路七〇號 七八三〇

林和泰 林本良 人和路一八號 六七九號

愼德 黃世英 人和路七〇號 五五六號

大生 施性利 人和路一〇一號

遠裕 曾瓊霖 人和路九〇號

駱協 駱成 駱佳森 海後路四一號（二） 九一一號

金融

民興 駱水法 海後路四一號（三）

環通 聯興 劉銘西 釣仔巷三二號（二） 八二三號

福安 卓福才 中山路四一〇號

新永興 陳雲竹 昇平路二五號

源信昌 陳世譽 昇平路二五號

南方 劉西非 鎮邦路一〇八號

金南 陳智恆 開元路一六三號（二）

金義隆 許元潛 開元路一六三號（二）

瑜山 黃有志 鷺江道四一六號

匯安 陳育甫 鷺江道一三〇號

克遠 李宗潭 打鉄路二九號

新記 黃錦龍 海後路四四號（二）

崇成 李光輝 海後路三八號（三）

建興 曾文託 新路街二九號

裕美 謝成壽 新路街二六號（二）

振安 白燕榮 開禾路一二七號

鼎源 許文森 開禾路一二七號

文記	曾文軌	洪本部三三號	一一九九
銘記	吳廷振	鼓○中路三一號	
公方	蘇孝親	大同路五一一號	
江南發	柯子売	海後路五○號（二）	
信安	施玉釵	海後路五○號（二）	
友聯	陳瓊瑤		
茂泰	陳柏危	惠通巷一三號	
僑聯	柯孝昌	鷺江道一五二號	
建東	莊思明	大元路二八號	
榮記	吳迪勝		
全女	李仲謀	鷺江道一一○號（三）	
新源鎰	林文炳	橫竹路一六號	
建隆	吳道長	人和路七○號	
振成	許厚坤	大宮二五號	四七七號

∴商業

海航暢通貨運已無阻 貿易繁盛漸呈昔日觀

一・概述

本市位處閩西南之衝要，又爲五口通商口岸之一，華僑進出必經之地，內陸與南洋滬港各埠貿易，歸此散集，市井繁華，商業興盛，爲閩省之冠，市商多營大宗批發，國際貿易有茶、杉、麵粉、豆餅、絲綢、土產、洋雜貨等。唯自淪敵以還，凡百商業，悉爲日台人所壟斷操縱，致使國人所經營者，難於立足，因是被迫停歇，迨勝利重光，其時海運猶阻，一切商業因受環境限制，未見迅作發展；今即海航暢通，故欲恢復昔日繁盛全貌，爲期當不在遠。

二・輸入貨物

本市收復初期　各業幾陷於蝺蹶狀態，日常用品，因而均賴外地供給，中猶以五谷、布匹、汽油、中西藥爲甚。其比率概約如下：米百分之十，麵粉百分之十，綢布百分之十，汽油百分之八，豆餅百分之八，棉紗百分之七，中藥百分之七，西藥百分之七，煙草百分之七，電油百分之六，肥料百分之六，五金百分之四，酒百分之四，其他百分之六。

三・輸出貨物

輸出貨物以茶、紙、糖、桂圓等最爲大宗，其比率概約如下：茶百分之二十一，紙百分之十七，糖百分之十六，桂圓百分之十四，水菓百分之十二，杉百分之八，竹百分之五，其他百分之七。

四・市場

市場之創設，係在便利生產者與消費者之買賣，而對於市容鑒瞻，衛生管理，亦有至大關係。本市戰前即於交通衝要，築有市場八處，專作魚鮮，肉食，蔬菜等攤販集中售賣。第一市場設中華路，第二市場設美仁宮，第三市場設廈港碧山路，第四市場設浮嶼角，第五市場設甕菜河，第六市場設水仙宮，第七市場設關隘內，第八市場設魚仔市。其中第三、四、五等三個市場，因戰亂住戶變遷關係，已無攤販集市傾售，廈門港今改纂集於大學路，太平橋一帶，第五市場亦無形改設於二舍廟。

五・各途商分類調查

甲，衣着類

▲綢　布

商號	負責人	住址	電話
益興	林天友	霞溪路二七號	四五六號
同利	陳兆鑾	大同路三九八	七二二號
東成	郭瑞	大同路三九七	
勝隆	余金龍	大同路三九九	六四五號
建成	陳錦樹	大同路三九一	九〇七號
南成	鄭如秀	大同路三六〇	
端章	李孝注	大同路三八六	四二七號
文裕	伍聯輝	大同路三九二	六七〇號
太平	黃禾益	大元路八號	
同時新	王成瑞	思明南路四三九	五六〇號
同源福	洪景德	思明南路四三五	六九五號
永裕	陳兆嘉	思明南路四四五	
天生利		思明南路四四七	
三山	林文錦	思明南路四五八	
坤源	鄭坤生	思明南路四七一	一一三一
新泰英	翁少清	思明南路四七三	
華記	蔡源潤	思明南路四七九	一七號
錦新	彭渡水	思明南路四〇六	
新昌公司	馬禾森	思明北路九號	三三五號
福安	陳組娘	大同路一八三	
耀裕	王小	大同路二一〇	一一七八

商號	負責人	住址	電話
同英	卓全成	横竹路二號	一五二號
俊記	李世俊	大中路三九	九〇八號
振源	林世進	大同路四六〇	九〇一號
福利	饒子蕃	昇平路五三	
榮豐	陳如順	鷺江道一二八	二九五號
華通	吳啓明	海後路六二	六八八號
錦成泰	楊兆麟	大中路五八	二六〇號
義益	莊德祥	開元路二五四	
建松行	謝溪圳	思明西路五號	三一八號
陳源成	陳土成	大同路三〇一	
集成	曾延源	大同路三〇九	
建德	鄭重	開元路二八七	七五九號
開元	陳開源	塗崎巷二二	
三元	章千楷	大同路三六〇	七一一號

▲成衣

商號	負責人	住址	電話
升大	侯謂康	中山路四九	
慶華	林祥興	中山路五九	
泰昌	黃時泰	中山路六一	
元昌	程元洪	中山路六八	
國華	林元旺	中山路八一	
世英	鄭世英	中山路一四五	
永昌	劉孝欽	中山路一四七	
開明	阮永弟	中山路一七一	五二二五號
百合	施水古	中山路一七五	
英昌	林文明	中山路一八三	
華新	陳國棟	中山路一八五	八一三號
協成	林莫貽	中山路一九一	
大昌	黃金山	中山路二〇五	
新新	張祥官	中山路二〇七	
中興	唐金水	中山路二〇九	八〇一號
勝利	黃兆梁	中山路四二	
東華		思明南路四六九	一〇二三
和興	田仲芳	中山路八二	
中國	吳維祿	中山路一〇四	
康發	陸元深	中山路一四四	
東和	鄭炎官	中山路一四六	
永康	蘇水康	中山路一五四	
南開	官本金	中山路一七〇	
鴻昌	官本善	中山路一九八	

商業

大勝　楊金水　中山路二一〇　五三九號
加拿大　胡阿通　思明南路一五七
新隆　陳誠然　思明南路三九七
思明　鄭仁官　思明南路四六三
大龍　林發欽　思明南路四六五
宜華　薛由鑾　思明南路四六九
麗華　施水清　思明南路四八三
華興　王世崁　思明南路四八
華安　董華安　思明南路二三六
久華　李文金　思明南路三四六
三興　楊家楠　思明南路四六八
美英　張宏悌　思明南路四七〇
同英　陳依姆　思明南路四八〇
中英　何振中　思明南路三一四
華興　唐榮官　思明北路四二
協順成　吳占梅　思明北路四六
裕泰　陳瑞華　思明北路七　七二〇號
協榮　謝文　思明北路九三
寶雲　黃鴻淩　思明北路一一三
振華　黃寒祿　思明北路一二五

華美　張享瑞　太平路一三
源興　吳春喜　太平路二七
益興　曾學霖　定安路三一
胡春興　陳順康　定安路四〇
德興　謝國凱　大同路二一五
中美　蔣成通　大同路三四五
協記　董水生　大同路二二六
協勝　邱智　大同路二三〇
亨生　周銀益　大同路三八〇
時昌　董賢芳　大同路二九八
雲裳　陳金官　大同路四〇六
芳春　吳玉仁　南簽巷二號
新興　唐燦　中山路七五
新華　鄭羲釗　思明北路一七
國興　方再興　開元路一〇九
振興　張二梅　開元路一一九
曾永金　開元路二六一
新麗華　劉章亮　開元路二七九
新惠興　楊志遠　開元路七四
陳興忠　陳興忠　開元路九〇

華英	吳元發	横竹路五號
新美亞	吳漳	横竹路一七
陳隆記		開禾路八五
章春	洪清開	開禾路一二
徐來	馬坤惠	古營路四六
福利	陳連發	大中路五三
華章	林勤風	思明東路一〇七
應何定	應何定	思明東路二〇
曹勤大	曹來生	思明東路二四
仁昌	陳仁仁	思明西路一三
華明	林淑珍	思明西路一五
恆大	鄭玉琴	思明西路四號
林舜興	林亞順	思明西路三四
鄭安有		霞溪路八三
閩華	林黃氏	打鉄路六三
林依龍		晨光路五五
福源	舊福源	廈禾路二一五
鼎新	曾文蘭	禾祥路一九〇
周金石		將軍祠二三六
鴻翔	王順藥	棉襪巷二一四

大康	胡錦堂	棉襪巷一號
葉祥記		棉襪巷二三
東亞		公園南路八五
廣東		水仙路四三
同新		中山路

▲鞋

商號	負責人	住址	電話
南全	楊志南	中山路三三	
啓南興	林坤	中山路三五	
南國	許西山	中山路四一	
東南	林成	中山號九七	
榮發	謝榮君	中山路四五	
三進	馬祖棟	中山路一〇五	
福泰	林金木	中山路一五五	
陳東興		中山路一五九	
亞洲	劉榮祖	中山路二三九	
迅速	黃子遠	中山路二〇	
坤泰	鄭文光	中山路一六〇	
集興	林坤	中山路一七四	
珍元	馬大邦	中山路二〇二	

商業

華泰 劉俊華 中山路一五六
明記 顏巧珠 思明南路三六五
誠發 鄭蘭桂 思明南路三六七
新亞 邱志烈 思明南路四七六
勝利 江順治 思明北路五〇
建發 蔡文益 思明北路四七
錦祥 許照庭 思明北路五七
美最華 曾廣嵐 思明北路六五
福成 陳水沅 思明北路七三
聯興 蔡金來 思明北路七五
翁植三 後廳衙一五
王晉成 王國强 後廳衙二九
大達 李永成 後廳衙四二
泰隆 趙金泰 後廳衙二二
菲律賓 洪桂日 大同路二五三
華星 吳帛 大同路二七一
四川 劉蘭生 大同路二七三
南京 王志仁 大同路二七九 一〇二一
彩記 洪彩岩 大同路二八三
中南 陳標中 大同路三二五

南華美 陳福 大同路三五九
華記 李榮輝 大同路三五七
永佳 林江村 大同路三六一
協成 宋陰治 大同路一三〇 二〇四號
成華景記 鄭炳成 大同路一七六
大衆 陳海濤 大同路二一二
天天 林火土 大同路二五六
章華 陳金章 大同路二〇四
工友 鄭顯忠 大同路二六六
協順 駱習生 大同路二七二
步樂 許秀生 大同路二七〇
源成 蘇文插 大同路二七六
大鋒 饒文振 大同路二八二 四一四號
久用 鄭文福 大同路二八六
金步安 黃金司 大同路四〇二
鄭全德 大同路四二六
潮成 邱器元 南簪巷九號
王德春 南簪巷一三
玉華齋 唐蘭仁 大中路二三
源源 周錦標 大中路五六

廣華	劉廣華	思明東路四五	
大新	宋增銘	思明東路三二	
豐美	曾重	思明西路三二	
大興	陳俊生	打鐵街一五二	
振華	吳鴻文	鎮邦路一二六	八三號
堅華	李清池	鎮邦路九七	
國華	杜盛輝	廈禾路一九八	
忠山		公園南路三二	
惠興	黃培輝	中山路二八五	
鶴鳴	郭天河	中山路一五五	
永新	李金章	思明南路三一一	
金福安	黃茂松	開元路二五五	
永安		開元路一三六	
陳義發	陳鳳章	開元路一九〇	
思明	林明亮	思明西路一〇	
復成興	陳華眷	大井脚二號	
黃成安		大同路二六七	
金山	陳華廳	大同路三〇六	七四九號
有記	鄭良聲	中山路一九六	
介齊	曾火成	中山路三五	

鎮武	王國祥	後廳衙二七
鴻新	李玉麟	思明北路五一
克記	張阿克	開元路一〇五
天寶	謝天寶	中華路二九
良記	黃國良	霞溪路一〇三
芳記	謝芳棠	打錫街六號
文記	吳文成	仁和宮一二
順隆	溫順林	後廳衙一三
藝華	翁植三	後廳衙一五
成記	吳成烈	開元路九三
漢記	林禮漢	開元路二〇三
仰大	潘展鵬	打鐵街一三四
春興	黃文錦	開禾路四四
聯成	李聯生	河仔墘七〇
飛步	李寶林	鎮邦路六九
坤記	邱柏生	大元路九號
志忠	謝志忠	局口街一二〇
一家	紀賜福	鎮邦路五二

商業

▲百貨

商號	負責人	住址	電話
鴻昌	陳依詩	中山路一六九	
志成	王式明	中山路一九八	
鼎豐	丁炎灼	中山路一九〇	
福瑞昌	鄭忠益	中山路二三七	一一二五
惠泰	郭鵬飛	中山路一七七	五〇二號
進興	楊進財	中山路一四二	
新新	石定國	中山路二一六	二二〇號
佳美	黃忒傳	中山路二五二	
開羅	蔣祥霖	中山路二五四	二九六號
捷新	林成茂	中山路二六二	六〇九號
隆德	何明德	思明南路三九九	
天元	林海瑞	思明南路四四五	
永齡	陳枝春	思明南路四七五	四七五號
鑫記	沈文良	思明南路三一二	
國興	賴盛甫	思明南路四一八	
明昌	吳棟材	思明北路一一	
瑞發	黃瑞標	思明北路四七	
泉裕	沈江泉	思明北路四七	

商號	負責人	住址	電話
東成	蘇東成	思明北路四七	
國記	張民國	思明北路六三	
新華成	蔡瑞金	大同路二二七	
友新	林獻馬	大同路二四八	
永華	林其華	大同路二四五	三九七號
正大	林啓東	大同路二四七	
萬順成	陳光揩	大同路二四九	
華新	林金星	大同路二五九	
朝記	張朝漢	大同路二八一	
新錦豐	陳添基	大同路二八三	
達德	寶大目	大同路二九一	
聯成	翁伯豪	大同路二九三	一四〇號
華昌	侯楚	大同路三一一	一〇一九
業成	曾兆眞	大同路三三一	
聯茂	吳金獅	大同路三五九	
其新	楊桂州	大同路二六九	
大昌祥		大同路四七七	一一五七
昆記	陳昆池	大同路三八八	
永康成	鄭學文	大同路三八七	四〇九號 九二三號

商號	負責人	住址	電話
林敬記	林旺	大同路四七五	
福瑞美	鄭惠揚	大同路二〇二	
秀昌	吳迪沛	大同路二三四	
晉豐	黃波臣	大同路二四〇	
國華	阮丁發	大同路二五六	
金宏興	陳孟傑	大同路二九〇	
大升	邱春亮	大同路二九四	
壽記	鄭文壽	大同路三一〇	
成、益	紀秀卿	大同路三一四	
洪怡安	洪錫亮	大同路三二四	
嘉記		大同路三四六	
南泰成	翁德彰	大同路二五二	三八八〇
永新	王約輪	大同路三五八	七八一號
捷克	章發昌	大同路二六八	一一三三
新鴻源	張淦源	大同路三七二	
永星	蔡英華	大同路三七四	
天成	鄭文福	大同路一七六	
建泰	張國樑	大同路三七八	
佳祥	廖佳琴	大同路三九六	
吳迪英		開元路一四五	

商號	負責人	住址	電話
和興	穆亞禮	開元路一九二	
隆泰		開元路二六八	
天池	章添池	禾祥街二五	
合成發	李秀其	昇平路二號	
雲山	陳梭	開元路一二二	
南成	洪順文	開元路一一四	五六六號
豐興	洪綠水	開元路一三〇	
合利	陳永利	開元路一三四	二一四號
萬豐	林碧娥	開元路一三八	
新漳發	蔡培慶	開元路一八七	
金振興		開元路一八三	
新再興		開元路一八一	
建茂興		開元路一六三	
泰安	陳東安	市仔街三四	
新星	莊友碧	市仔街三六	
泰新	陳聖宏	市仔街三八	
正裕		大同路二六七	
正達		中山路	

▲舊貨

商號	負責人	住址	電話
建泰	莊[illegible]治	思明北路九八	

商業

商號	姓名	地址
文星	吕文記	思明北路一〇二
黃成發	黃中和	思明北路一〇四
朱亨聰		思明北路一〇六
黃文興	黃文興	思明北路一〇八
棣華	阮添根	思明北路一一二
建興發	張培才	思明北路一一八
中華信託部	陳秀瓊	思明北路一四三
萬順	王君敏	思明北路一四七
建源	林天賜	思明北路二九
新建成	陳福	思明北路九七
振重成	王慶仁	思明北路一〇三
振豐	王文芳	思明北路一〇五
黃明爐		思明北路一〇七
協和發	王國棟	思明北路一一一
建興發	張育才	思明北路一一七
永記	陳金梅	思明北路一一九
同興	尤新賜	思明北路一三一
順興	洪漢	思明北路一三三
義和成	歐謙和	思明北路一三五

商號	姓名	地址
協益	謝溝來	思明北路一四七
高昇	張高昇	思明北路一四七
協順發	王君敏	思明北路一四七
勝源	謝自源	思明北路一四九
林鎮江		後廳衕一九
福順	林其康	定安路八九
鴻龍園		大同路一七七
美裕	周金碩	大同路二二三
協順成	吳容照	大同路二二七
合德		大同路二五九
興記	陳基以	大同路二七七
新金城	董文巡	大同路二九五
新錦成	陳錦練	大同路二九七
新建發	黃清發	大同路二九七
新和成	何月理	大同路三一七
集隆	任線	大同路三二一
新成興	汪雲	大同路三三九
新成發	曾再發	大同路三四九
施炳印		大同路一九一
謙成	葉郁郁	大同路一六六

商號	負責人	住址
成華	鄭炳成	大同路一七六
大光明	張毓成	大同路一九四
莊金福	莊金福	南簪巷三〇
松興	陳阿寶	思明北路一三九
陳宣機	陳宣機	開元路六五
匯成	鄭紅英	開元路七五
建利	林八	開元路七七
捷昌	謝啓	開元路一一二
林雪愛		局口街三九
福興	郭宗明	局口街二二
新民	周笑	大中路九號
益成	潘輝	大中路一五
集成	黃成	大中路五一
侯耀南	侯耀南	思明東路一一
胡淵源		思明東路一九
泰源	黃培恆	思明東路六五
永和成	林勇全	思明東路一〇五
張兆春	張兆春	思明東路一二五
大川	吳叔禧	思明東路一三一
茹眞	李聖瑛	思明東路一三一
黃承家		思明西路四八
大成	陳敬露	思明西路五〇
輝記	顏安全	故宮路二四
金山	周金山	泰山路二九
眞新	陳耀宗	中山路二二七

乙，食用類

▲柴炭

商號	負責人	住址	電話
源隆	張鵬胥	水仙路二六	
泰記	陳高氏	水仙路三三	
發興	洪輝	第二市場五二	
寶德	楊友德	第二市場五四	
協興	陳添福	思明南路二八五	
振發	劉民一	思明南路三二五	
新培記	許培傚	思明南路三〇六	
江發	李素霞	思明南路三三二	
源盛	黃存悌	思明南路三五六	
豐茂	賴國滄	思明南路三八八	
德昌行	吳友諒	思明北路四八	

商業

長興	張阿籠	思明北路六〇
林淵成	林淵成	思明北路一五四
永和	洪永和	思明北路二七
福美	黃春水	思明北路一二三
永興	黃晨	思明北路一四一
松坡	劉祈德	曾姑娘巷五三
新發棧	王夏文	太平路一三
新五豐	白守弟	太平路一九
泉興	劉心良	太平路一二
玉記	白玉輝	太平路二六
新義發	蔣良成	後廳衙五號
洪文某	洪文某	後廳衙九八
新發棧	王夏文	定安路一一
定安	林玉	定安路八七
慶和	洪慶忠	大同路九九
德發	藍好	大同路一〇三
興記	吳陸一	大同路三七七
超華	許其吉	大同路三三三
順時發	陳彩	南簷巷一七
興記	吳陸一	南簷巷一四
德豐	陳標意	開元路七一
新源成	洪秀鑾	開元路九六
瑞興		開禾路一三七
洪順泰		開禾路五〇
陳闊	陳闊	鷺江道五二(1)
駱炳焜	駱炳焜	鷺江道五二(2)
吳肇基	吳肇基	鷺江道五二(3)
光太	李振堂	鷺江道五二(4)
陳輝龍	陳輝龍	鷺江道五二(5)
永和成	許輝才	鷺江道五二(6)
鷺天	呂劍星	鷺江道五二(7)
吳諒	吳諒	鷺江道五二(8)
合春	吳醒	鷺江道五二(9)
清振	鄭丰息	鷺江道五二(10)
吳春記	王水南	鷺江道五二(11)
吳照祿	吳照祿	鷺江道五二(15)
中益		鷺江道一六四
怡昌	莊水	思明東路七七
源利	彭乃器	思明東路八五
順發	蘇文拚	思明東路一三五

商號	負責人	住址	電話
惠記	郭莫惠	思明東路一一八	
南溪公司		思明西路四一	
福長和	潘仔	橋亭街二號	
甘成	甘成	橋亭街一四	
大成	王萬成	橋亭街一六	
吳逸桂	吳逸桂	霞溪路一號	
胡友信	胡友信	霞溪路一三	
建發	洪智惠	霞溪路一五	
劉繩祺	劉繩祺	霞溪路二八	
林煥章	林煥章	古宮路六七	
四豐	曾文雨	太山路三〇	
漳順興	歐莊水	禾泰街一四二	
許煥水	許煥水	禾泰街一一七	
王梓煊	王梓煊	禾泰街二五	
黃氏招	黃氏招	禾泰街一六五	
泉發	陳水成	禾泰街一六四	
長源	陳叟婆	後江埭一七七	
聯盛	李文賢	廈禾路三九八	
萬記	劉連福	中華路三一	
德成	蔡却世	中華路四七	
同發	蘇孝治	中華路八三	
蔡茹英	蔡茹英	民國路五六	
豐泰		民國路一三	
雷森梧		人和路三號	
建成	楊素芬	思明南路三七七	
朝發	林也瑶	古宮路二三	
順昌	吳福兆	龍船礁巷一六	
聯堅	黃啓恆	龍船礁巷一三	

▲雜糧

商號	負責人	住址	電話
立大	章子琳	局口街一二二	
昌興	陳福昌	大中路三五	
永泉泰	石文清	大中路四九	
長記	楊賜典	大中路五九	
中達	顏受蟬	大中路六三	
茂發	楊炎明	大中路三〇	
大中	楊鈞	大中路七六	
德發	林德水	大中路九〇	
可口公司	陳仲鈞	大中路五〇	
福廈	林祥華	大中路三二	

商業

合隆 鄒明暉 大中路七五
輝記 姜榮 思明東路八〇
協成 林永旺 思明東路一二三
振昌 蘆福昌 思明東路五四
源興 林源 思明東路六四
瑞成 葉發東 思明東路九四
漳源 楊明源 思明東路一〇六
聯益 張明芳 思明東路一二二
和益 劉紫輪 思明東路一二四
源美 陳淵源 思明東路一〇三
裕豐 施玉燕 思明西路一八
興隆 思明西路一一
和發 張錫松 太山路一三
豐隆 劉來古 太山路一七
豐發 吳翁氏 太山路二〇
聯裕 陳重禮 太山路二九
三七 黃東昇 太山路三四
集豐 林輝光 晨光路六四
文和 林文天 水仙路一七
嘉豐 曾國禎 中山路一三

永和 倪啓昌 中山路一七
隆豐 洪長福 中山路二三
光星 林裕祺 中山路三〇九
同發 陳啓霖 中山路九五
趙記 許超 中山路一四
錢友 劉順來 思明南路三七九
潘惠春 潘文元 思明南路三〇八
茂豐 陳清海 思明南路四三八
協成 張恭 思明北路一四四
聯豐 陳錦秀 思明北路一〇九
國興 王註來 思明北路一五一
源發 陳太平 思明北路一六一
汀南商行 邱永釗 太平路二〇
天德 徐尚德 太平路二二
裕發 謝汀恭 太平路三四
萬成 陳丕森 定安路九號
榮星 王則赤 定安路二號
仁發 吳鵬楷 定安路三九
源豐 孫丹順 水仙路四〇
福源 陳適然 大同路一七五

六一〇號

連發	許連發	大同路一八九
洽成	許書平	大同路二一七
人天	章中民	大同路一五八
宜豐	王志剛	大同路四一四
同發	李氏影	大同路六八
炳記	孫炳輝	大同路八〇
新惠豐	孫清池	大同路八二
源興	黃氏蓮	大同路一四八
志元	周國耀	大同路四三四
黃燒	黃燒	大同路一九九
萬春	丘開培	開元路二五
長發	傅振芳	開元路三一
建成	尤氏鸞	開元路四一
振發	紀振三	開元路六三
濱僑	郭經川	開元路一五一
允成	黃檳	開元路二號
元達	鄭金燦	開元路四四
陳朝燦	陳朝燦	開元路一〇八
裕隆	陳美氏	開元路一四六
豐登	王萬波	開元路一九四

豐成行	阮福星	開元路二〇四
連發	林進鎰	開元路二一〇
永裕成	許春成	開元路二三八
豐年	郭鑑五	開元路二四六
茂源	孫寶麒	開元路二八四
復源	孫水金	開元路二九〇
泉德	郭春富	開元路二一號
福興	張文池	開元路三六
倍孚	廖千美	開元路五二
中安	林文忠	開元路七二
長興泗美	楊浩壽	開元路二三六
合和	蔡文祥	開禾路四九
百秋記	陳泉滄	開禾路七五
裕成	吳振友	開禾路三六
黃金和	黃昆興	開禾路九四
活源	王遠川	開禾路一二八
潮盛公司		古營路四號
同陞	陳樹生	古營路一五
賓豐	王羣書	思明北路一四六
建興		古營路三七

商業

商號	經理人	地址
南陽	陳元岑	營平路一六
長勝	何國榮	營平路一八
裕勝	曾國[illegible]	營平路二〇
裕盛	黃弈樹	營平路五四
源泰	蘇攀來	磁安路五六
聯盛	楊文筆	磁安路一三
永標	紀清標	磁安路二九
永豐	黃啓基	大同路一一八 一七一號
勝成	鄭推奉	石潯巷二七
明成	潘應遠	釣仔巷一三
崐記	陳崐山	釣仔巷一七
振成	王花娘	釣仔巷一九
得豐信託公司	陳啓瑞	海後路六四
同美	鄭耀卿	海後路八六
協豐	黃虹石	打鐵路三號
勝利	吳良玉	打鐵路九號
生記	蘇永章	打鐵路二七
僑裕商行	吳德水	打鐵路四〇
天裕商行	林抗薰	打鐵路四六

商號	經理人	地址
三聯行	林坑元	打鐵路一五九
信裕行	李忠信	打鐵路二四
泉成行	許永[illegible]	打鐵路五一 九九五號
恒祥	陳鏡川	昇平路三五
南大行	吳平甫	鎮邦路五五
錦豐	汪錦泉	鎮邦路一〇四
澄茂	許庚申	鷺江道六六
萬建成	林江松	鷺江道八六
裕豐	江天賜	鷺江道九四
益成	李長明	鷺江道一〇六
興安	吳振聲	鷺江道一〇八
三榮	戴省三	鷺江道一二六
僑歸合作社	陳伯誠	鷺江道一三〇
源記	吳倜元	開元路二九四
華大	王壽全	思明南路三九六
自治	姚清克	中山路
公和成	林篤仁	鷺江道一三六
建豐	林振明	鷺江道一三八
信義	吳福壽	鷺江道一四八

正中	林水土	鷺江道一六二	
聚茂	邵庚	鷺江道一七四	
金和昌	洪水龍	鎮邦路二五	
惠隆	王榮如	廈禾路二〇三	
陳寶善	陳元和	廈禾路九二	
建盛	林金福	廈禾路一七〇	
振豐	陳鵠	廈禾路一八〇	
泉記	劉志德	禾祥街五四	
勝豐	林相	禾祥街四八	
永成	林淵家	禾祥街四七	
萬元	林霖	禾祥街三〇	
慶茂	陳殷豪	禾祥街二二	
陳茶記	陳茶	禾祥街九號	
萬發	高玉燕	禾祥街一八八	
文發	吳文華	禾祥街一八二	
陳國龍	陳國龍	禾祥街一六八	
成美	柯其成	禾祥街一六七	
同和	甘清水	禾泰街一五	
洽發	陳卓天	禾泰街二一	
金火		溪岸路一三四	
永記		溪岸路二六	
孫太和		溪岸路七〇	
聚豐	蘇王氏	大元路五號	
三友	莊拚	中華路一八	
慶豐	徐賜慶	中華路三二	
裕豐	郭斯欣	中華路一號	
怡和	楊怡吉	中華路五七	
金朝記	昌炳輝	思明南路三六六	
瑞隆		民生路一〇二	六九〇號
僑益		營平路二一	六九八號

▲糖油

商號	負責人	住址	電話
永福成	洪景	大中路六〇	
德隆	莫依明	後廳街六號	
源美		開元路一一〇	
陳源南		開元路一一〇	
東興	莊重陽	開元路一二八	
茂通	胡里元	開禾路一〇	
聯勝	李元	營平路三九	
永裕	高挺科	太山路三號	

商業

聯興	李馬義	太山路一四	
大友	戴乾金	大同路四八三	一七四號
大同	沈鶴雲	大同路三七一	九四六號
新泉發	楊天泉	大同路二二九	
合成	林忠彥	大同路二三三	
志勝	吳鳳嬌	大同路二一五	
穗發	林嘉發	大同路一七三	
永豐	李永安	大同路一五二	一一六〇
瑞德	陳再來	大同路一二五	
日新	莊玉麟	大同路一五九	
和豐	蔡遠文	大同路一六一	
海記	陳志忠	大同路一一二	
協德	陳自立	大同路一七九	
永源	李和平	大同路一七〇	
綿發	郭朝雨	大同路六四	
志源	陳太平	大同路一三	
大福	蔡天河	大同路八七九	
金逢春	白晉壽	大同路三五〇	
協發	高標古	大同路二八七	
恆發	郭明煌	大同路二六五	六三五號
復興	許菊正	大同路二二五	
勝美	郭仁敏	鷺江道一五八	
美勝	陳天助	鷺江道一五〇	
和成	黃金維	鷺江道一五四	
正興	吳吉籍	鷺江道一四四	
榮豐	陳水順	鷺江道一二八	
豐利	陳振祥	鷺江道一〇二	
大源	陳壽星	鷺江道九八	一〇三三
華益	陳天乞	鷺江道九六	
惠慶	吳漢波	鷺江道八〇	七八二號
陳德源	陳刻石	鷺江道七四	七三七號
友聯		鷺江道七〇	
南新	蘆雪松	鷺江道一二二	
南僑		鷺江道一五二	
慶昌	吳在菊	打鐵街一三	二七七一號 七九四號
聯通	顏斯泰	打鐵街五八	一〇三四
源興	黃達坤	打鐵街三六	
合益	郭水癸	打鐵街一六八	
慶祥	楊慶祥	打鐵街一二七	

建興　許佳澤　打鐵街一一九
農村　朱篤純　打鐵街一二八
源發　黃杏源　大同路一四五　七五〇號
協春　林其春　開元路三號
允成　黃‧樌　開元路二號
長成　孫慶賢　開元路二七二
復源　吳炳坤　開元路二八八
大來　呂護法　開元路二一二
增德　蔣耀煌　開元路一五二　一〇一五
發記　楊樹木　開元路三〇三
合利　陳應利　開元路一三四
崇源　吳天生　開元路一二〇
同光　陳玉菓　開元路一七四
添福　李九告　磁安路五九
建昌　張榮光　磁安路三四　六五五號
義美　柯錫椰　磁安路六七
有福記　陳世英　開禾路二號
吳德源　吳瑞營　開禾路九〇
和美　紀碧　開禾路八六
豐成　阮福星　開禾路二〇四

金元珍　林新華　開禾路二六三
豐年　郭鎮五　開禾路二四六
丁福記　丁乃揚　開禾路八〇　四二一號
勤誠　白振聲　營平路二一
源昌　鄭鏘中　營平路五四
源豐　尤三友　營平路三七　七八四號
中盛　黃劍秋　海後路三八
成豐　林德成　海後路八六
建倉　莊金章　人和路一〇二
東記　武曲　昇平路一六
豐昌　吳淵源　台光街五七　五一九號
合際　郭大華　局口街六五
陳萬成　陳錦堂　定安路九號
振成　王花姑　水仙路二二
榮茂　馬沐清　水仙路四一
大昌　周木香　中山路一號　六八七號
南利　陳育培　中山路五號
同利　陳埔　中山路三號
福和　李天送　中山路一三
裕興　謝炎禎　中山路一九

商業

遠然　許淸池　中山路一六
大茂　林順畦　中山路九五
合源　洪堯供　中山路一二二
和益　馬丕顯　中山路三三三
永豐　吳佑　中山路三一四
源茂　陸杏埔　中華路一〇
裕豐　郭斯成　中華路一號
瑞和　黃和壽　中華路二六
福成泰　朱悅鑫　中華路四八
協順　陳祥　中華溪一四
福隆　郭生旺　中華路五四
瑞興　陳金連　中華路二二
華南　潘阿樂　惠通街二號
茂華　洪炳煌　鎮邦路四八
益豐　李家齊　大中路五七
恆祥　陳鏡川　大中路六二
源利　林允郁　釣仔巷四二
錦興　鄭良　釣仔巷四四
永元　林登雲　太山街二五
聯成　張開勛　太山街三六

餘茂　方達富　太山路三三
新福記　林大炎　太山路二三
啓發　鄭明發　太山路二〇
彝裕　陳在體　賣雞巷二號
瑞珍　曾正　橋亭三號
源興　張世雄　橋亭九號
玉芳　葉洋洲　霞溪路四號　五二一九號
裕豐　陳維雄　思明南路三六三
豐發　蔡永福　思明南路三四九
建成　楊素娟　思明南路三一九
瑞福　蔡天章　思明南路三六二
進發　吳孔祥　思明南路三四五
志元成　李包魚　思明北路一七七
許泉成　許文　思明北路九一
永發　張文農　思明北路八九
協茂　　思明南路二七六
同裕　黃明德　思明東路一〇八
振昌　鄭振昌　思明東路五四
誼興　盧冠金　思明東路九三
永利　陳金生　思明東路一四二　一一二〇

號名	經理	地址	電話
源順美	林文崎	開平路二四	
陳泉興	陳土生	古城西路一四八	
慶盛	林顏	錢爐灰埕一六	
榮發	陳炳章	溪岸路二〇	
振隆	黃漢水	溪岸路六號	六六五號
榮記	劉世榮	禾祥街一四九	
泉成	丁釗銘	禾祥街一〇	
順興	呂井水	禾祥街六七	
萬慶	蘇萬	禾祥街六八	
振發	馬朝祠	禾祥街一二七	
萬川	許世傑	禾祥街七號	
建源	許建基	禾祥街一九八	
茂成	林有各	禾泰街六一	
安成	黃江海	內武廟二六	
泰隆	郭福三	外較場六號	
合發	郭透	外較場二三	
天成	王怡源	外較場一六	
和興	張帆影	開禾路九一	
協和	陳丙端	廈禾路三九七	
榮發	黃念本	廈禾路三九五	

號名	經理	地址	電話
裕豐	葉青	廈禾路三八九	
新泉盛	魏江海	廈禾路三〇二	
元記	陳昆來	廈禾路二九八	
大順	賴伯謙	廈禾路五一	
永和美	陳世恢	溪岸路一八	
朝記	吳維基	溪岸路九五	
公道	廖文彩	溪岸路一〇一	
生活	洪炳煌	溪岸路一二一	
瑞發	張延池	溪岸路二〇〇	
源通	韋振聲	溪岸路四一	
加隆	李榮洲	溪岸路二四	四六二一號
茂仁	楊茂仁	金新街三三	
友益	張福成	金新街六四	
源隆	陳碧原	金新街一五	
洽發	曾述	太平橋一四	
泉豐	文九	太平橋六〇	
寶記	楊寶順	太平橋一八	
敬財	劉敬財	太平橋五一	
天德	徐尚德	太平橋二二	
三陽	洪承德	壽和街	

商號	負責人	住址	電話
永成	陳秋成	江頭街一〇二	
福源	蘇石獅	民生路六二	
合發		江頭街一四〇	三八三號
協春	楊福全	民生路一號(3)	
源成	黃景輝	民生路八六	
永隆	楊慶祥	民生路一號(7)	
四海	李進源	大學路四九	五四〇號
捷春	阮仲春	大學路九六	
寶春	阮省	大學路二三	七四六號
成興	余家齊	大學路一一	
豐盛		開元路一三〇	九八五號

▲海產

商號	負責人	住址	電話
新聚發	倪丁氏	中山路六一	
建成	黃振芳	第一市場一號	
同和		第一市場六號	
聯勝	陳文番	中山路三〇一	
集德發	江賢	中山路三二三	
永泉成	賴洋	大同路一二九	
永泉興	賴素	大同路一〇一	
長發	賴自尊	第七市場二六	
萬益源	林澄清	思明東路五八	
大元	吳祖芸	思明東路九二	
啓成	龔光寶	打鐵街一四〇	
順源	林清物	泰山路五號	
順利	林國財	泰山路一〇	
張志超		泰山路八號	
富豐	陳興	廈禾路二一一	
廖篤澤		禾祥路五七	
和發	賴振東	禾祥路四四	
丁泉盛	丁釗銘	禾祥路一〇	
張德發	張傑	中山路二七五	
泰成	丁文穆	中山路一九九	
合茂	王遠阮	開元路二一四	
捷茂	王祖華	開元路二一六	七二四號
謙裕	蘇諒林	開元路一二三	
黃孝楨		開元路二三五	
江記	江福	開元路二七一	
振大	曾子惠	橫竹路四一	
合記	丁玉水	古宮路一〇	

裕隆	林平操	古宮路一七
泉發	曾松鶴	外較場三號
南豐	黃水龍	外較場七號
春利	丁龔掃	外較場一四
興裕	黃弈堂	外較場一號
永安	戴思敬	營平路七六
勝隆	陳志佛	思明東路五三
合興	林水龍	思明東路七八
源發	黃杏源	大同路一四三
大茂	白水吉	營平路九號
榮發	陳世榮	外較場六號
萬和	陳換	開元路二五一
愼記	丁老蘇	定安路六號
蓮記	李綠	第七市場二四
台陽	林英飛	中山路三〇一
和春	張火生	營平路五〇
嘉隆	李榮洲	溪岸路二四
泉和	黃金聲	開禾路九五
發記	楊連樹	開元路三〇三
運泰	施豐年	開元路一四七

海通	白瑞彬	泰山路一九
益興	洪欽章	第八市場二一

▲魚攤

商號	負責人	住址	電話
老源發	陳太平	大同路一三一	
三合興	張玉英	第七市場三號	
順發	洪海雁	第七市場七號	
鏡記	張鏡記	第七市場一一	
永合發	方煌	第七市場一三	
義源	黃啓超	第七市場一七	
合源	黃燮江	第七市場二號	
和順	黃查某	第七市場二〇	
合成	鄭火炎	第七市場二二	
和順	黃杏某	思明東路七〇	
春興	萬火仁	思明東路七二	
春源	陳枝桂	思明東路七四	
合利	黃火炎	思明東路八四	
源記	張源	溪岸路八號	
義順	駱福來	第八市場三七	
瑞和	駱丕鄉	第八市場一七	

義隆	駱錦宏	第八市場四號
義成	陳秋霞	第八市場一五
長發	駱長明	第八市場三四
信記	張朝信	第八市場三二
瑞順	江丕變	第八市場三六
金朝	郭金朝	第八市場一八
春興	林論	第八市場二四
成記	林有成	第七市場四號
源裕	駱玉生	第六市場五號
協發	駱汚	第六市場四四
合和	駱金盾	第六市場一二
義合	謝書生	第七市場五號
美盛	鄭泉	第七市場二六
朝勇	鄭勇	大同路一三三
合春	莊邦淵	大同路一三五
聚發	洪文佬	太山路四號
德和	李佛	太山路
福記	許智福	廈港太平橋四三
助記	王恩助	廈港太平橋一五
寶和	楊寶順	廈港太平橋四二

商業

義成	羅大喜	第八市場一五
義發	黄水枝	第六市場一二
聯順	許清連	第二市場五號
榮福	張源	第二市場八號
四美	鄭百四	第七市場
陳錦章		第七市場七八
合記	鄭潮海	第一市場二號
衡川	阮衡川	第一市場三號
愛好樓	唐新民	太山路八號
葉鉗	葉鉗	太山路五號
梁連發		太山路一六
合吉	李厚	第六市場
黄彩鳳		第六市場
黄意成		第六市場
方水桂		第六市場
陳根德		美仁宮後保五號
陳錦鐘		第七市場七八

（京飪湯點）

商號	負責人	住址	電話
遠記	謝世綿	水仙路三五	

振興	陳炎頭	水仙路六二
洲記	陳洲	水仙路六四
三益	陳根	中山路一一三
永興齋	李天作	中山路一一五
正芳	林世昌	中山路一一九
經濟	王錦斌	中山路二七一
新中華	吳仰華	中山路七三
長發	傅景林	中山路八八
再發	傅玉成	思明南路二九四
振·松	鄒振松	思明南路四〇〇
太和	許新來	思明南路四三四
萬成	林炳煌	思明南路四四〇
大小有	黃禮作	思明南路四七二
聚興樓	林維德	思明南路四七八
合興	陳利治	思明南路四八二
三友樓	侯明良	思明南路四九四
星洲	廖碧谿	思明南路四九八 六一三號
海陸春	李蘇	思明北路一八
眞好味	吳世朝	思明北路二〇
共和	洪玉花	思明北路二四

玉記	陳玉成	思明北路二八
振興	陳建章	思明北路二八
經記	紀泰山	思明北路三二
新復發	莊雲山	思明北路三四
一品軒	陳榮斌	思明北路三六
合發	黃高山	思明北路四〇
經濟	林闊嘴	思明北路二二
雙合仙	孟憲林	思明北路一四九
章記	陳文章	思明北路六九
慶香	姚慶嘉	大同路四一五 九三一號
泉記	梁祥泉	大同路一一四
老治記	葉氏治	大同路一〇八
練江	馬沐清	水仙路二九
興記	陳林氏	水仙路五四
廣茂	駱友	水仙路六〇
廣豐	林福	中山路三二五
怡成	陳亞興	中山路九九
新廣益	李一鳴	中山路一二六 一〇九九
平原	丁韻清	中山路一六八 四四七號
松記	陳七嫂	思明南路三八三

商業

東亞	楊瑞忠	思明南路四五九	一一三二
新協興	歐桃	思明南路一二六	
潘烏番		思明南路三八四	
建春	陳世九	思明南路四〇二	
南成	羅榮丹	思明南路四三二	
勝利	陳學源	思明南路四五二	七〇〇號
桂榕軒	徐桂榕	思明南路四五四	
裕興	方木英	思明南路四八六	
新南軒	黃大為	思明南路四九〇	四一七號
綠楊村	官廣山	思明北路一六	七七〇號
連成	陳慶壽	思明北路三〇	
裕興	林維火	思明北路三八	
成發	陳金門	思明北路七六	
勝利	陳特波	思明北路一六七	
聚成	黃煥	定安路一一	
黃楚	黃楚	大同路二一三	
仰光	龔紳怡	大同路五二七	五七五號
天曉得	粲世英	開元路一三	
雙全	陳其賢	開元路三五	
公平		開元路三三	七四五號
金華	陳重水	開元路三五	
吳亮	吳亮	開元路四三	
瑞發	黃瑞木	開元路五七	
和平	邵江河	開元路一六七	
怡發	林國良	開元路一六九	
新五湖	陳文明	開元路一九三	
德隆	吳在炎	開元路三三一	
陳仁	陳仁	開元路三三七	
許紅	許紅	開元路三三七	
喜合	鄭來水	開元路四〇	
樂瓊林	林嘉春	開元路一五〇	七一九號
海記	吳清海	開元路二八六	
泉三	林水	開元路三一〇	
吳華	周鏡塘	開元路三一二	
新美	羅桂宗	開元路一八	
全福樓	周義秋	古營路一號	九二六號
陳來取	陳來取	海後路三一	
百記	夏達賢	海後路三一	
清妙	張歡	海後路三一	
吉隆	王素華	海後路三五	九一三號

店號	經理人	地址	電話
德祥齋	張月坤	海後路七〇	
麗華	嚴時霖	打鐵街二號	一〇五一
楊九司	楊九司	鷺江道五二	
馬龜	蔡明志	鷺江道五二	
勝利	鄭俊	鷺江道五二	
新和發	吳友	鷺江道五八	一一四三
鷺江	陳茶塔	鷺江道五八	
世川	陳世川	鷺江道五八	
黃章賜		鷺江道五八	
英華	周鏡塘	鷺江道六〇	
黃進寶	黃進寶	鷺江道八二	
陳漢	陳漢	鷺江道一一八	
同盟		思明南路	
慶和	姚成	大中路五五	
永樂	黃和泰	思明西路九號	
嚼樂	張大	思明西路六號	一〇二六
瑞記	曾瑞生	禾祥街一九四	
陳明記	陳明記	禾祥街一八七	
劉猶其		禾祥街二〇〇	
陳本月		禾祥街一九七	

店號	經理人	地址
田記	林大目	禾泰街一四
順益	吳金蜜	廈禾路二三一
味和	官伊祺	中華路七號
金興	周瑞華	中華路八九
新發	陳賽	中華路二九
嘉禾	林恢緒	中華路七〇
新再發		大元路一七
新海珍	柯決	大元路二五
泉利	白錫玉	大元路二七
九龍	林炎	大元路三一
復源	洪玉	大元路六號
好清香	王朝基	大元路三二
三成	陳三成	大元路四四
林波		大元路二六
傅木全		大元路四四
聯成	●	大元路二三
小樂天	曾謀坤	大元路二七
寶宋	湯劉氏	公園南路四九
爵記		公園南路八九
三和	蘇石頭	公園南路

商業

高亭　莊鴻泰　中山路二一二　二九七號
逸園　蘇鏡鎣　思明南路四二〇　五九八號
興記　魏泰山　太平街一八
成珍　黃氏鑾　後廳衙二三
拚記　蘇仁　中華路一三
小坡　曾謀泰　海後路　三五九號
雙發　紀溫猷　開元路二一
益記　郭益　大同路四七一　五八號
富豐　陳富來　開元路一三
隆發　施錦　開元路三三三
通興　李癸　大元路三四
泉利　白賜玉　開元路七七〇
泉合春　吳甘官　思明北路八五
合和　黃衍派　思明東路一二一
合成　楊煥仙　中華路二五
德記　馬成德　思明南路七五
盛發　鄭文長　中華路一六
宏興　黃雲相　二舍廟一號
張馬基　二舍廟八號
祥記　吳在祥　二舍廟五號
吳記　吳世成　二舍廟七號

△茶

商號	負責人	住址	電話
奇苑	林孝譯	水仙路四九	
林萬泉	林瑞來	水仙路九一	
萬春	邵清泉	中山路三三五	
天山	王禎輝	中山路二七四	八九〇號
芳圃	洪萬桑	大同路三〇七	
有記	王海筵	開元路二〇	
吳通利	吳在細	開元路一三二	
芳茂	廖瑞標	開元路一四〇	
錦祥	顏克俊	橫竹路七號	
奇泰	黃世川	橫竹路二一	
集苑	何志華	鎮邦路七三	
張源美	張彩雲	鷺江道一六六	一〇六九
發記	陳太	廈禾路一五三	
陳晉興	陳雲耀	棉襪巷四號	
炳文	張炳文	公園南路二一	
堯陽	王孝宗	開禾路一三二	
四通行		鎮邦路六號	

林和泰	林木江	橫竹路一八	
華峯	李鏡溪	廈禾路四三三	
同慈	黃子萱	鎮邦路五一	
萬發		打鐵街一二八	
林金泰		水仙路	

▲茶室

商號	負責人	住址	電話
易記	易良臣	打鐵街一號	
福興	吳菲哈	打鐵街四二	
鷺濤	黃志雄	鷺江道八八	
民生園	曾江材	鷺江道五八	
金記	陳金益	鷺江道一三四	
陳懿塗	陳懿塗	鷺江道二〇二	
合昌	陳慶恩	鷺江道二〇四	
白朮	白朮	鷺江道二〇六	
安記	林寶	局口街一〇	
劉永芳	劉永芳	霞溪路一五三	
德成	鄭蝦文	禾泰街一六七	
	盧頷扁	後江埭二八	
蔣以此	蔣以此	晨光路六〇	
林松秋	林松秋	禾泰街一一六	
張氏葉	張氏葉	太山路三八	
施陳治	施陳治	溪岸路二號	

▲糕餅

商號	負責人	住址	電話
習德	吳光玉	思明東路八一	
振昌	吳振昌	中山路三一	
老長發	白塗龍	大同路七八	
李振發		大同路一八〇	
和興	曾文標	大同路二〇〇	一〇六八
華明	郭鋒綜	大同路三五八	九九六號
梅蘭芳	龍長壽	大同路二六二	
美隆	洪文欽	內武廟三七	
金城	莊金城	內武廟二四	
馥香蘭	莊馬生	開元路七號	
義和	楊天賜	開元路九五	
春發	朱江	開元一八五	
美芳	黃海澄	開元路五〇	
合和	鄭總文	開元路五四	
泉記	魏永泉	開元路五八	

商業

成發	李建生	廈禾路二一九〇	
福成	沈主	廈禾路三五五	
慶源齋	李坤元	禾泰街一六一	
雙虎	陳福仁	中華路二〇	
泰昌	林鏞氏	溪岸街一二	
方德興		打鐵街八六	
張恆昌		打鐵街九一	
廈鼓	陳文鴻	鎮邦路一一	
逢春	謝泉成	水仙路五五	
慶蘭	鄧水生	中山路一一七	一〇八二
義華	廖昆維	中山路二四七	四三九號
冠玉		中山路二九七	
僑光		中山路九二	
匯園		中山路一〇〇	
南洋	白華桑	思明南路三九五	
梅興行	鄭季超	思明南路四三一	四六四號
發華分店	廖昆維	思明南路四一四	
志揚行	張呂初	思明南路四五〇	九一四號
中國	王明發	思明南路四九二	
陳亞世		思明北路三四	
九龍	翁守陽	思明北路一五	三九五號
紫羅蘭		思明南路四四九	一七二號
甘泉堂		思明北路一七	八七一號
福來	陳福來	太平路四號	
老芳蘭	許明	大同路一九五	三〇八號
紫金山	蔡秀治	大同路二六八	
[illegible]華	鄭克仁	大同路三二二	七七四號
美華興	鄧金德	開元路一三	
富興	黃德水	開元路一八〇	
顏家春	顏鳳儀	開元路〇六	
懷安居	陳玉善	横竹路三一	
泉利	楊金鎮	營平路四八	
聚華	丁文沛	營平路四六	
同和公司	曾四坤	海後路八八	
新蘭芳	林文朝	廈禾路二〇五	
慶記	陳慶海	廈禾路一九	
陳錦興	陳宗棉	禾泰街一九	
錦蘭	吳文英	禾祥街一四五	
匯都	廖清水	大元路二九	
集[illegible]齋	李文越	大同路一五〇	

金蘭香	黃書圖	思明東路一九七	
發美	許火	大同路九八	
連成	連啓明	大同路二〇七	
義順興	黃植光	大同路二三九	
益記	郭益	思明北路四七一	
卜昌	林謹泗	開元路二三	七八五號
明明	周巖欽	中山路一〇〇	
四明	王家駒	思明南路四四二	
福美	李清隨	營平路七三	
成珍	黃慈	後廳衙二三	
新泉益	杜文波	後廳衙八四	
榮成	鄭牙	後廳衙八號	
晨光	柯子峯	思明東路一四四	
勝發	李松柏	平安路三號	
協義	陳金埥	打鉄街一五七	
勝興	陳清秀	禾祥街四二	
老文興	陳森	仁禾宮七號	
成記	陳文良	古宮路七五	
新益	林樹芳	開元路一五七	
和春	林黃氏	中華路三六	

金振興	陳清和	禾泰街一六六
興水	劉興水	禾泰街一二一
坤成	李坤	禾泰街六四
合成發	戴傳	禾泰街一三九
瑞美	蕭瑞岩	登眞宮三四
義成	王文生	溪岸街四二
峴美	黃瑞却	溪岸街一一五
美源	邵乞	大同路一六五
泰發		二王街八五
老海記	邱海水	土堆巷一〇
黃瑞華	黃根基	思明南路四九六

▲水菓

商號	負責人	住址	電話
建成	余月波	中山路二六五	
梅香齋	倪香蘭	中山路三二一	
成安	任木水	中山路四號	
復興	林維樂	中山路九六	
春記	黃春	中山路二一二	
生興	陳學海	中山路二〇	
復裕	陳金華	中山路一五〇	

商業

張海		大同路三二三
許益興	許益興	大同路一四〇
和發	林昆騰	開元路三號
義發	莊道發	開元路一七〇
捷發	柯天發	大中路三一
德美	蘇進丁	思明西路一九
惠民	蔡永全	思明西路七〇
誠發	許至誠	鷺江道一八四
和平	林和平	溪岸街五五
南記	江南	公園南路一三
勝利	黃次蘭	中山路六七
振芳	李振芳	大同路五〇一
三發	玉靈英	開元路一七五
吳福		開元路一七七
新發記	許吳氏	開元路一八一
新益	林樹芳	開元路一九五
泉成	廖水閣	開元路一九八
新泉天	侯庫	橫竹路三三
聯成	張聯坤	龍船礁巷八號
協興	林慶江	龍船礁巷一九
新發		龍船礁巷一一
文成	吳文火	龍船礁巷一三
源春		龍船礁巷一四
萬慶	蔡萬	禾祥街八八
陳清鎮		禾祥街四三
朝記	蔡朝安	大學路

▲菸酒

商號	負責人	住址	電話
瑞興	吳世祺	水仙路四六	
泉隆	林順泉	水仙路五七	
合興	陳吉昌	水仙路九八	
華興	林氏珠	水仙路五四	
樂園		水仙路六七	
和興	林金	水仙路七〇	
高思漢	黃振芳	第一市場	
源裕	陳河	中山路七九	
富強	王培基	中山路一五一	
晉成	蔡水	中山路一三六	一一三八
三德行	曾育智	中山路二八二	一〇〇一
良興	張成發	思明南路六七	

商號	經理	地址
差不多	崔子宙	思明南路二六三
劉復成	詹韓溫	思明南路三二九
金朝記	曾朝雍	思明南路三三九
茂發	曾茂輝	思明南路三四七
德成	許宗植	思明南路三七一
方泉安	林[illegible]基	思明南路三七一
成發	施振華	思明南路四〇一
平和堂	林江成	思明南路四四九
熊金盛		思明南路二五二
全德	高[illegible]德	思明南路三〇〇
柳西	黃和欽	思明南路三一〇
協成	吳迪財	思明南路三五〇
順發	吳英桐	思明南路三七〇
榮發	胡志堅	思明南路三七六 一三六號
明發	林元安	思明南路四〇四
華芳	伊福敬	思明南路四一四 一四四號
三友	楊均	思明南路四一二 一二九號
雅華	王漢溪	思明南路四七二
冷月	黃漢生	思明南路四八八
炎記	李[illegible]基	思明南路五〇二

商號	經理	地址
三興合記	王成長	思明南路三八八
時代	林宗妙	思明北路六八
永昌	馬永聰	思明北路一二八
德隆	薛熀迪	思明北路一六〇
恆順	劉青龍	思明北路五三
建華	吳文宜	思明北路六一
思明商店	鍾秋月	思明北路七七
通成	陳大川	思明北路一二九
熀記	王冷水	思明北路一五五
順利	何雪	思明北路一五七
紀蛤		思明北路一六五
華星	周景釗	思明北路一七三
老元成	李魚	思明北路一七七
合羣商店	王扶	思明北路一八三
豐名	吳淵源	台光街五七
陳文盛		台光街一二
惠泉興	趙何娘	太平路二一
和生	巫阿美	太平路八號
新義發	翁良成	後廳衙九號
永成	杜茶花	定安路一七

商業

商號	負責人	地址
謙興	廖謙	定安路一八
林傳司		大同路一〇七
順發	陳龔搖	大同路一二三
朝勝	傅秋雲	大同路一五一
永年	李林氏	大同路一五三
聯和	郭清溪	大同路一四九
俊生	陳炳南	大同路一八七
永勝	邱金波	大同路二〇一
洪怡昌	洪錫昌	大同路二六九
永盛	王天生	大同路二八九
成發	林秀清	大同路三五一
江丁乙		大同路四〇七
美利	林嘉祥	大同路四七三
大福	蔡金草	大同路四八七
永鑫記	黃建顔	大同路五二五 一一四七
永豐	許仲祿	大同路九八
進興	戴佑進	大同路一二六
和盛		大同路一三二
泉興	廖氏王	大同路一三六
萬全	黃阿獅	大同路一四二

商號	負責人	地址
正華		中山路一二三
茂興	葉戊已	大同路一七二 三六八號
永泰	吳維溪	大同路二四二
聯發	徐亞河	大同路二五六
聯興	連劍遂	大同路三一二
南新	翁劍平	大同路三六二
勝記	蘇春勝	大同路四二八
潮裕	詹鑑英	大同路四三八
乾厚	賴乾厚	大同路四四二
永發	郭鴻翔	局口街三八
合和	何元和	局口街六七
大成	許玉石	第七市場一五
福泉	洪寶則	中山路三七
振東	楊春波	中山路三八
漢興	何漢奎	中山路七號
現代	張景梧	思明東路一三三
林南興		思明東路一一〇
永陸	歐陽旺	思明東路一〇二
榮發	陳石塗	思明西路一號
裕源	黃明標	思明西路三七

自立商店　林拨鋒　思明西路二六
吳梅　霞溪路一二
林安　故宮路四四
振興　黃少廷　海後路三三二
吳成發　吳茲波　海後路七三
協福　江進財　海後路七四
聯成　李作善　海後路七八
順興　黃宗成　海後路八〇
協興行　王世豪　打鐵街五六
華興　吳[illegible]靜　打鉄街五九
振豐　李坦　打鉄街六一
榮記　黃月寶　鎭邦路八號
龍川　邱光榮　鎭邦路一〇　六五七號
泉發　林午塔　鎭邦路一二
源生興記　林烱强　鎭邦路一九
許源晉　許嘉和　鎭邦路二六
芳興　莊子文　鎭邦路二八
麒麟　莊慶福　鎭邦路一五
維德公司　林四海　鎭邦路五三　五三七號
名香　林晉德　鷺江道一、五

潭記　劉啓潭　大山路二號
吳振源　太山路四號
集盈　王漢壽　太山路三一
陸成　陸阮　晨光路四九
福記　白基生　晨光路六三
仙福　林金棟　晨光路七六
蓬萊島　吳榮欽　晨光路七四
勝和　林杏士　廈禾路一九五
勝利　陳溪水　禾祥街一八五
美隆　何亞獅　禾祥街一五五
朱金富　禾祥街一五二
嘉協　吳塔水　禾祥街一一五
源美　林文思　禾祥街二八
陳氏英　禾泰街一五八
成長水記　廈禾路七〇
蔡瑞　廈禾路二二八
勝隆　黃大渭　中華路五號
廣興　張玉泉　大元路一〇
建康　王阿乾　溪岸路二六
和德　林成　溪岸路四〇

商號	負責人	住址	電話
勝芳	蘇天來	人和路三六	
元合玉記	吳仕舞	人和路七八	
益安	李溪	人和路三八	
南星	莫阿四	民國路一〇四	
百齡		民國路五八	
松記	郭榮松	公園南路一一	
平記		公園南路四三	
廣和堂	林松碧	開元路五一	
慶寶	黃清海	開元路一二九	九七〇號
集友	黃嘉賠	開元路一三三	
大成	許子偉	開元路一四七	
合記	林國太	開元路二五七	
南隆	洪光國	開元路三〇九	
金順興	作金棟	開元路三一八	
芳美	鄭總文	開元路三六	
南記	黃氏鑾	開元路六〇	
葉天民		開元路八二	
合成	林建元	開元路八八	
吉南		開元路一〇〇	
萬通	陳光地	開元路一四四	六七五號
存德	傅滄淵	開元路一七八	
壽益	何襟	開元路一八八	
菸酒攤	謝來成	開元路二四〇	一〇三五
聯勝	林秀山	開元路二四二	
敬記	林鏡清	開元路二五〇	三一三號
許淑賢		開元路二六二	
陰記	許龍	開禾路四七	
陳益謙	陳子山	開禾路九七	
南香	劉啓鑫	外較場二號	
洪榮俊		開禾路六八	
陳德興	陳篤	開元路一九	
王益豐	王人豪	開禾路九六	
同茂	謝昌仰	開禾路二〇	
美新	沈天興	横竹路九號	
海南	周超海	思明南路三八九	
九三行	陳景彬	横竹路	

▲酒

商號	負責人	住址	電話
德裕	蔡友祺	中山路一九五	
三餘	徐克毅	中山路二一三	

商號	經理	地址	電話
信記	林清培	中山路一四一	
萬興	譚樂毅	中山路二八一	
和勝	梁奕華	中山路二八七	
天榮		中山路一九〇	
李守豐	黃振芳	第一市場二號	
萬和泰	林文靜	思明南路三五九	
三興酒莊	陳景醇	思明南路三四〇	
仁記	陳仁才	思明北路二八	
裕興	林維火	思明南路三八	
錦泉發	廖安治	大同路一五七	
恆茂	林鴻	大同路二三一	
大鴻		大同路五二九	九二二號
鼎興		大同路八四	
建美	廖怡	大同路九六	
和興		水仙路二號	三九二號
全春	許文沙	大同路一〇六	
同利	吳志瓜	大同路一三五	九六〇號
三民	陳鴻聲	大同路二一八	
萬全和	陳光地	大同路二五二	九〇六號
福壽堂	游文舉	中山路一三	

商號	經理	地址	電話
淵泉	陳再森	中山路四三	
志成	林財福	思明東路六八	
金和芳	李明星	橋亭二一	
源發	林古	霞溪路一一九	
輝豐	張平正	釣仔路一九	
萬德堂		打鐵街一一四	
美壽堂	陳美戀	磁安路六三	
友聯		昇平路五七	
美壽堂	陳美戀	鷺江道四八	
鴻興	張宏興	鷺江道二二〇	
德隆泰	吳仁三	泰山路四一	
鼎和	陳莿池	後江埭三三	五五〇號
王源和	王天賜	後江埭四三	四六六號
萬昇	柯進旺	後江埭三九	
醇泉	史燦然	後江埭五一	
晉源	楊冀川	廈禾路三六一	六一二號
元源	黃忠發	廈禾路九二	
嘉禾	張華	園厝社一八	
建發	林泰山	中華路一一	
進興	白全發	大元路三四	

商業

商號	負責人	住址	電話
李天送		大同路一一七	
公平	廖炎和	開元路三八	
永福堂	吳布錢	開元路三九	
泉興	吳計	開元路一六八	
隆發	邱鴻德	開元路三三一	
同仁堂	吳坡塘	橫竹路二四	一一二號
源和	王天賜	橫竹路三〇	
王源全	王蛋	開禾路二七	
郭泰源	郭雲甲	開禾路四號	
春生堂	郭禮宗	開禾路一六	二六四號
詒厥齋	吳幼丞	開禾路四八	
美良	陳清溪	開禾路六八	
泰泉堂	蕭抗	開禾路七四	
廣源	吳建八	洪本部九號	
大華	徐品	鎮邦路五號	六二三號
美德堂	程明德	大同路五一五	
鼎眞		中山路二二六	九七四號
東南		後江埭三九	七九號
福隆泰		廈門港	
萬全堂		新路街一一一	一〇六二
德隆		開元路	
天一堂		人和路	
甘惠堂		營平路	
競強			
遠記		後江埭	
隆記	紀水良	大學路七四	
美泉		後江埭五一	六四四號
南興公司		將軍祠九號	四三七號
萬全和		後江埭二五	一一八六

▲醫室

商號	負責人	住址	電話
振裕	翁敦育	金新街二五	一一三九
和盛	楊人生	中華路八四	
振盛	翁英南	民生路二六	一一三九
陶化大同	楊格非	大生里	三八一號
思明	楊文棋	定安路七號	
復盛	王福壽	江頭街內	
和大	許讓然	禾泰街一七八	
小家園	紀經猷	九條巷三〇	
復安	楊文修	四仙街六號	

明泰　李謀鼎　太山路一二
合美　林壽松　禾祥街一八九
合豐　林國璧　大同路一八六
萬成　馮紹堯　局口街一二二
月明　林大鴻　大中路二〇
合發　鮑文輝　大同路一三七
振源　翁清風　打鐵街一七〇
合大　陳仲思　思明東路四二
聯和　翁頭　大同路一〇〇
振聯　翁鉛　營平路六四
泉成　翁老漳　雙連池四三
金振順　翁敦民　太平橋一九
陶化大同支店　楊守仁　營平路二號
蔡長春　蔡屋　後廳衙八八
新生　陳三畏　共和路一七
源發　蔡嘉木　打鐵街一〇
新兆豐　蔡淑瓦　溪岸街七號
茂盛　曾火烟　釣仔巷一六
振隆　李問僑　第七市場口

泰源　陳振源　大學路八四
新合興　李道　打鐵街一七六
新怡記　蔡則南　開禾路二二
漳源　楊明源　思明東路一〇六
順發　楊惠民　禾祥街三號
長興　王擁皮　第六市場
永記　鮑永　中華路四四
文記　卓文　思明西路
泉僑　曾文烈　第四市場
華南　林嘉景　思明東路一二六
銘記　高銘國　開禾路一五四
僑商　謝元輝　土地公祖
裕豐　方青山　太山路二八
協豐　陳紹洪　思明南路五七二
聯成　蔡贊成　橋亭口六號
長豐　楊碧龍　第六市場二八
同化　陳大弼　思明東路八五
孫榮發　碧山路
聚成泰　朱常來　釣仔巷一四
金全發　白李氏珠　開禾路二五

新泉記	莊鍼南	禾泰街一二〇	
順興	莊紀錦成	江頭街內	
合益	吳丙昆	營平路三〇	
萬和	莊學謀	廈禾路四六	
和平	蔡 安	新路街一一三	
萬源	柯啓鉗	思明南路三五一	
洪裕宗	洪裕宗	大元路四號	
友記	蔡 友	開元路九一	
助記	陳文助	溪岸路	
金維新	李維生	洪本部口	
復源	林孝龍	太山路一〇	
周南成	周協成	思明北路二六	八八六號
源和堂	洪錫佛	中山路二一九	九九〇號
培記	梁蔭培	中山路二一四	
錦記	楊福錦	中山路三〇九	
梅珍齋	楊再興	中山路三一七	
顏家春	顏鳳儀	開元路一九六	
一家園	顏氏美娘	大同路一九五	
雲珍園	王氏選娘	大同路二二八	
懷安居	陳玉喜	橫竹路三一	

長春園	黃花班	斗西路一〇三
鼎日有	林永康	中山路三一九
瑞珍庭記	洪金殿	橋亭街口

丙，住宿類

△旅棧

商號	負責人	住址	電話
運南	莊孫提	海後路三八	
大千	陳康國	海後路三八	六八一號
遠豐	洪我馳	海後路四一	
建安	張修明	海後路四一（三樓）	
民興	駱蓮華	海後路四一（三樓）	
盛豐	李成田	海後路五〇	
東南	陳友進	海後路五二	
同安公司	陳水南	海後路八四	
太平洋	林碧山	海後路五二	
泉榮興	吳成仁	海後路五五（四樓）	
金安	林聰杯	海後路五二	
建華	陳傳發	海後路五四	
石獅有財	吳修殿	海後路五五	

商號	經理	地址	
新泉成	駱佳森	海後路五五	
新羅	邱金祿	海後路五五（五樓）	
南通安記	方國安	鷺江道二四	
僑源	黃奕森	鷺江道二六至三二	一一二六
華成	陳全珠	鷺江道七〇	
新開明	蔡章固	鷺江道七〇	
南京	陳全珠	鷺江道七四	
新南記	黃水源	鷺江道八八	
南盈	黃杰定	鷺江道一〇四	
新萬泰	王江波	鷺江道一〇四	
南福	吳志榮	鷺江道一〇四	
安海公司	陳道橋	鷺江道一一〇	
悅華	本本升	鷺江道一二〇	
新共和	高金章	鷺江道一三二	
松山	彭永錫	鷺江道一四〇	
僑聯	蔡梅邨	鷺江道一五二	
泉源	黃育雍	鷺江道一五四	
晉華	陳煥華	鷺江道一五六	
高川記	邱造	鷺江道一五六	
晉興	陳煥稿	鷺江道一五六	

商號	經理	地址	
中華	陳國粹	鷺江道一五六	
金永福	溫永爲	鷺江道一七〇	六七二號
開元	黃大興	開元路一號	
茗水居	林依悌	開元路五號	
玉華宮	林其瑞	開元路六號	
老協春	陳國正	開元路八號	
大亞	鄭卿昌	開元路九號	
交通	程訪	開元路一五	
華興	林淑貞	開元路六六	
三和	楊水土	開元路八九	
泉泰	王太平	開元路九一	
源美	陳仲勳	開元路一一〇	
蘇杭	朱木鑑	開元路九號	
新隆通	劉氏賣	開元路一二二	
新大通	洪德守	開元路一二二	
廣居	林瑞隆	開元路一二六	
南島	林省吾	開元路一四一	
新元興	陳宗標	開元路二三六	
永安金記	薛朝金	開元路二三六	
延賓	鄭維星	開元路二四〇	

金美安 許志輝 開元路二一四四
聚友 許鐵華 開元路二一九三
瑞記 莊銘燮 開元路二九三
晉利 吳昭吉 開元路三一〇
白宮 莊春木 開元路三一二
聚安 莊淵謨 開元路三一二
南川 黃淑李 開元路三一二
南日 李載思 開元路三三五
南泰 黃非 開元路三三五
銘泰 廖修謀 開元路三三五
謙益 劉元芳 開禾路四四
東安合記 薛煜勵 開禾路四六
瑞德泰 陳文宙 開禾路五二
玉記 陳而北 開禾路七一
長記 許遜賀 開禾路七一
義益 黃種渙 開禾路七九
新永合 林灘 開禾路九九
新吉安 許瑞德 開禾路一二九
福源記 柯世令 人和路一三
悅成 黃則見 人和路三四

七三號
四七四號

綿盛居 李義訓 人和路三八
僑濱 林茂盛 人和路四二
重興 吳在滾 人和路五五
永隆 劉攸金 人和路五五
同隆 許步恆 人和路六三
同興 吳身佑 人和路七〇
福源 李森支 人和路一〇〇
福華 王纖偉 人和路一〇〇
寰球 林玉禮 人和路一〇〇
僑興 蔡海水 人和路一〇〇
洪南美 洪詩發 人和路一二〇
新財源 蕭仁聲 磁安路六號
香山 張文端 磁安路一七
華山 戴圖約 磁安路一八
施鴻順 施培闊 磁安路四〇
晉成 吳身煥 磁安路四〇
友聯 傅孫祺 磁安路四六
中平 黃興財 磁安路七四
僑商 陳大石 磁安路七八
南源 高文係 磁安路八一

三一七號

巷南　王錫釗　興安街六號
萬源　柯賢潘　興安街一二
遠興　蔣介智　興安街一二
華南　黃書守　洪本部一五
僑利　許派湖　洪本部一五
明記　黃騰澤　洪本部一一
英記　張英沃　洪本部一一
僑華　蘇子煌　洪本部一五
滬江　蘇氏碧　洪本部一五
長發　陳青華　洪本部二五
惠僑　林振源　洪本部四五
三春　雷鄒魯　打鐵街六號
義豐　陳錫輝　打鐵街一〇
義安慶　許書平　打鐵街一二
捷昌　杜冠羣　打鐵街二七
福安　張尚燦　打鐵街六七
金勝昌　吳益　打鐵街八八
閩江　吳秋潭　打鐵街八八
僑通　王熙振　營平路一七
益南　蘇用虎　營平路二五

南美　蔡國鐵　營平路二五
泉和美　黃和日　營平路二五
天成　蔡國鐵　營平路二五
南豐　林文東　營平路四一
中和　蔡衍吉　營平路四四
德和　施至素　營平路四四
天南　丁遜接　營平路四四
慶勝　吳昭世　古營路三一
慎和　丁子清　太山路二三
龍華　張振志　開平路八號
泉安　林宜挨　開平路八號
文興　黃氏牽　担水巷六號
晉安　莊垂氈　担水巷一二
莆仙　蔡加福　担水巷三五
鴻安　陳元好　担水巷四三
鴻溝　吳健　担水巷四三
大安　陳清水　担水巷四三
璧江　陳永漢　担水巷一一〇
建隆　曾秋金　廈禾路四三九
新明春　林氏依妹　廈禾路二六八

九六八號

商業

建興	曾文托	新路街二九	一三三號
聯華	周榮烈	新路街二九	
新華	許祖腆	新路街一九	
勝利	王鼎倡	新路街九五	
晉益同記	楊志成	新路街八五	
太平	林再生	大同路三九四	
鶴壽	蘇禹門	大同路四四九	
華春	蔡長春	大同路四六六	
聯僑	蔡允復	鎮邦路三號	
南通	莊賜海	鎮邦路七〇	
南方	劉西井	鎮邦路一〇八	三七六號
義興	劉子同	橫竹路四一	
興南	柯賢省	昇平路	
泉豐	黃忠慰	昇平路一七	
大華	施拔透	昇平路一七	
建中	洪清江	昇平路一七	三九四號
南華	楊瑞華	昇平路一八	
漢昌	李川穆	昇平路二五	
新永興	陳雲竹	昇平路二五	
華安	陳永讓	昇平路二九	

南興	陳法蟹	昇平路三三
永甯	余焜倘	昇平路三九
瑞芳	陳文章	昇平路四六
金陵	丁文奕	南猪行一號
英山	洪瓊林	水仙路一一
安樂	王燕田	水仙路二二
益勢	李賢豪	水仙路二二
大中華	何啓迪	水仙路二八
九龍	林振福	水仙路四四
逢春	陳泉成	水仙路五五
南僑	蘇孫祥	水仙路六六
僑星	蔡廷來	晨光路三六
慶華	蔡天一	晨光路四五
義成	吳天龍	和鳳宮八號
和泰	白春生	和鳳宮二〇
金成	蔡培穆	大堤頭二號
南星	陳道條	大堤頭二號
新源安	柯炯輝	賣圭巷三八
綿繡	莊傳芳	賣圭巷三八
新合春	蔡烏駿	磁巷七號

鼎元	湯金鼎	磁巷二七	四五八號
源和	郭章奕	大中路六一	
南和	吳仕模	大中路八四	
泉昌	顏期聰	大中路八四	
泉州	陳活水	大中路八四	
南光	王明賜	中山路一一二	
天仙	呂兆立	中山路一五九	二八五號
成安	吳在杉	大元路一五	
建東	莊忠明	大元路二八	一一一九
海陸春	馮南卿	思明北路一八	
西康	楊阿九	思明北路一三二	
廈友	林宗甫	思明北路一四	三四六號
人和		思明西路三號	
廈大	洪雪堂	思明西路六四	五六二號
中祥	歐陽國佐	思明西路八九	三九一號
三友	曾逸唐	思明南路四一二	一二九號
華僑	林清仕	第五市場	一二三號
玉瑛來安	許寶慶	大井脚橫巷八號	
鞍昌	施曾珊瑚	塗崎巷一七	
義成	吳大義	同文路七五	

泉山	陳宇錫	同文路五九	
浙江	李來坤	龍頭街一七二	一三〇〇號
大新	王萬全	中山路一六六	二一〇〇號
中南		大元路一三	九二四號
鷺江青年服務社	杜申元	中山路二六〇	四〇號
合興		晨光路三九	一〇八六
道南		開禾路三一	四四四號
新源		鷺江道一三二	六六號
豐美		鷺江道八四	四二八號

▲木料

商號	負責人	住址	電話
自成	白清基	思明南路二五五	
光大	李金堂	思明北路一二二	
三源		思明北路一一〇	
建源	林天賜	思明北路四二〇	
平直	王永來	思明北路一四四	
張來水		思明北路一六三	
泰記	陳春來	曾姑娘巷二三	

商業

楊惠盛 楊厚 曾姑娘巷一七
孫梓林 後廳衙三三
李銀土 後廳衙九二
賽和 羅元昌 定安路五九
平南 梁依七 定安路四號
顧仲德 南簷巷一二
三成 林樵 光彩街五號
陳福成 陳福成 光彩街一五
合發 蘇銀水 故宮路九三
德祥 葉啗佳 廈禾路八二
源發 洪德根 廈禾路六七
朝發 王朝基 廈禾路六七
永茂 張吉成 廈禾路六七
義成 蘇坦 廈禾路八六
茂興 沈衍古 廈禾路一一〇
方圓 黃彬然 廈禾路一二六 五四九號
建廈 陳天賜 廈禾路一三二 六七七號
怡發 王怡寬 廈禾路六號
新廈門 黃胡元 廈禾路一四二
新長興 卞榮秋 廈禾路一五〇
適山 簡錦峯 廈禾路一六四
森泰記 蘇東明 廈禾路三〇〇
郭坎來 禾祥街四號
張明理 禾泰街一七七
林廷 禾泰街一七一
楊蒼場 禾泰街四一
雲燦 王雲燦 廈禾路一三六
盛益 賴信堂 廈禾路七二
豐源 蔡章暖 廈禾路七五
泉成 溪岸路一〇七
福林 林恆 中山路二七九
呂有才 林家瓊 開禾路五一
陳朝 陳朝 開禾路一〇五

▲灰紅料

商號	負責人	住址	電話
再記	蘇偉伍	廈禾路二三三	
金記	謝金連	廈禾路二二七	
聯發	謝再生	禾泰街一五五	
泉和	黃負	禾泰街一四九	
雙白	郭朝清	禾泰街一六八	

商號	負責人	住址	電話
合發	陳家長	禾泰街	
自強	許志念	兜仔尾	
中南	王永祥	兜仔尾二五三	
泉成	黃奇鵬	兜仔尾	
吉成	梁彼得	兜仔尾	
金鷹成	曾燕金	浮嶼角	
永茂	洪祥林	山仔頂二六	
清白	吳文堂	後江埭	
建廈	陳大賜	兜仔尾	
三益	陳清輝	兜仔尾	
春興	陳吉興	口頭圩	

▲洗染

商號	負責人	住址	電話
復興	洪粉	水仙路五六	
清白	陳金棟	中山路七號	
順興	黃德生	中山路一五	
彩華春	徐啓堂	中山路二〇九	
老華洋	湯記林	中山路八四	
華南	徐蘇堂	中山路一一四	
閩新	趙慶	思明南路三五八	
新隆	林德生	思明南路三九八	
華興	趙慶	思明南路四八四	
華南	徐勤堂	思明北路六二	
祥華	陳大妹	定安路二一	
綸昌	譚景孫	大同路四二五	
福星興	趙玉欽	大同路一九〇	
彩華春	徐啓堂	大同路三四四	
麗生	張麗生	開元路一七九	
興記	唐宗坤	開元路二一三	
時新	黃輝煌	開元路九四	
順成	王篤清	開元路一七二	
成益	鄭歐祖	營平路八〇	
大中	紀朝報	大中路一七	
新春	黃天明	思明東路一三七	
大新	黃明光	思明西路五九	
新友記	林森榮	中華路一五	
雅新	潘敬友	中山路三〇七	

▲傢俬

商號	負責人	住址	電話
德發	林[illegible]	局口街一三	

商業

商號	經理人	地址
鄭依康		局口街三五
舜昌	嚴德榮	局口街四號
潘復興	潘復興	局口街一二
林依妹		局口街一四
炳南	鄭炳南	局口街一二〇
合和	羅依氏	局口街八三
潘慶昌		思明東路九一
福大	蘇志興	思明東路一二〇五九五號
福泰	郁錫康	思明西路四九
協興公司	曾文科	思明西路三八
張建姑		霞溪路一二一
捷興	陳悅來	霞溪路一三四
永記	尤萬維	霞溪路一四一
金記	何金發	霞溪路一四三
南發	陳國璋	霞溪路一四九
山東	廖明德	霞溪路一五九
新海	蘇新海	霞溪路一六五
捷興	陳悅來	霞溪路一三四
新和發	張火鳳	霞溪路一三八
文發	潘金發	霞溪路一五二
如松	李永傳	霞溪路一六〇
和興	蘇大和	霞溪路一六三
雙合興	藍消鈞	思明東路五一
茂成	楊孟川	思明東路一一四
泰興	汪溪鳳	中山路一五
和泰	康健齡	中山路一〇三
仁成	林勇仁	中山路三六九九二號
黎士	陳黎士	中山路一一〇
神州	蘇志興	中山路二三〇
自成	白倩枝	思明南路二五五
張來水		思明北路一六三
春記	陳春來	曾姑娘巷二三
楊惠勝	楊厚	曾姑娘巷二七
協成	李葉通	後廳衙三四
李根土		後廳衙四〇
賽和	羅元昌	定安路五九
平南	梁依七	定安路四號
福成興	王金水	大同路一八五
長樂室	程鏡靈	大同路一六〇六一七號
源泰	陳勉	大同路二〇九

三成	林樵	光彩街五號
陳福成		光彩街六五
永豐	王秀山	光彩街五五
潘慶昌		霞溪路一一五
思明	鄭餘順	廈禾路五二
奇新	林啓善	廈禾路四二
勝維	蘇士生	霞溪路一五九

▲磁器・玻璃

商號	負責人	住址	電話
陶勝	蔡仁初	水仙路五〇	
白記	汪天觀	中山路二八〇	
敬記	黃文培	思明南路三六四	
東興	徐錫雄	思明南路三六六	
恆利	黃闊成	後廳衙九號	
成利	邱卓漢	大同路一七一	
華聯	傅孫祺	大同路二〇五	
廣裕成	詹益明	大同路四五三	
華昌	李文祺	大同路一五六	
永興	吳長江	橫竹路一〇	
新南成	詹冠生	橫竹路一六	
振合	邱永	橫竹路三四	九六五號
發金成記	李德昌	橫竹路四〇	
源成	蔡世傳	橫竹路二五	
聯和		開禾路一三	
黃隆興	黃裕仁	開禾路八三	
曾源章	曾煥章	開禾路九一	
南順	陳勳臣	洪本部五四	
亨大	李建成	古宮路二號	
福昌成	陳光亮	思明西路四七	
萬建成	萬瑞年	太山路一一	
金磐	李金海	廈禾路一二四	
順利	蕭水龍	禾祥街四五	
成記	林錫津	禾祥街一九一	
發興	曾麒麟	廈禾路四三	
德化瓷莊	曾章仁	鎮邦路五六	
裕昌		大同路二二〇	
新民	陳漢霖	中山路三七	
國華	高傑	中山路二一一	
永安	包禮三	中山路一五八	
永昌	何鑾鴻	太平路一五	

商業

邵榮市	邵榮市	局口街七號	
泉寶盛	楊金烈	大中路四四	
復興	張有三	後廳衙四一	
洪萬飛	洪萬飛	太平路三〇	
建南	劉史青	横竹路二六	
豐發	王江清	横竹路二八	

丁，文具類

▲紙

商號	負責人	住址	電話
源茂	何文曲	水仙路一五	
合祥	黃俊祿	水仙路四八	
劉宗德	劉宗德	台光街五三	
珍記	吳天花	水仙路三一	
洪利茂	洪天記	横竹路一一	
捷春	陳顯明	横竹路一五	
合盛	洪祝立	横竹路一九	一七〇號
協泰	林神通	横竹路四號	
和興	李渊	古營路三三	
泉春	胡寶	古營路三一	
泉成	張蒐英	營平路四五	
協記	魏啟發	打鐵街一六四	
和通	胡耳東	鎮邦路一二六	四五一號
胡合興	胡興	局口街一九	
新建源	鄭中元	思明西路四四	
合成	黃鮑	霞溪路一五五	
莊娘	莊娘	大山路七號	
源合	林梅香	太山路二一	
王添	王添	廈禾路三四〇	
瑞泰	洪妙致	禾祥路二六	
陳喜雀	陳喜雀	禾泰路一六七	
晉益	李素根	中華路二七	
俊記	李青漢	中華路二四	
源芳	呂長成	溪岸路三九	
華香	董青泉	溪岸路二〇	
源芳	呂洪氏	溪岸路五〇	
宗成		溪岸路一一三	
協源		溪岸路一八六	
生昌		溪岸路一五二	
天裕	洪碧培	人和路六三	

▲圖書文具

商號	負責人	住址	電話
新綠	彭劍虹	中山路一二九	八一九號
商務書局	鮑天祿	中山路二〇二	六九號
中華書局		中山路	
青年圖書出版社		中山路	
新的	葉維德	中山路一八七	一七六號
鼓浪嶼商店	張濟磁	中山路一七三	
華大	劉子榮	中山路二二五	
粉竹齋	林殊惠	中山路三七一	二五八號
大衆	吳志忠	中山路一四〇	三四三號
會文堂	林敬義	大同路三〇五	
泰隆	盧吉徵	大同路四四三	
錦元	蘇法陸	大同路二八四	
洛陽社	陳茂廉	大同路三二〇	九九一號
新民公司	何晨祭	大中路二號	
寶華	張榮元	橋亭一號	
文華堂	俞文川	鎮邦路九一	
文華齋	卓渠	鎮邦路一三六	
大隆堂	林雲歷	棉襪巷六號	
醒明	周柱庭	思明南路四七四	
文新	杭啓文	思明南路四八〇	
吳海瀛		大同路二八〇	
翔文	陸晶三	大中路六七	
鴻文堂	林文鴻	鎮邦路一四二	
東方出版社	李志國	公園南路一八	
廣文堂		中山路二五二	

▲印刷

商號	負責人	住址	電話
煥新	陳錦修	中山路九八	六三八號
平民	徐思轄	中山路一六五	七五二號
新民智	曾煥智	中山路一〇八	五九一號
育源	胡蒼金	中山路一八四	五六七號
人文	傅亞榮	中山路二〇〇	二一一號
新文化	傅安	中山路二九六	
力行	王立禮	思明南路三〇二	三六七號
美眞	張長安	大同路四九三	

商號	負責人	住址	電話
風行	羅逸華	大同路二一六	四九四號
藝新	張煒甫	局口街二一〇	
大道	陳沙崙	大中路二一三	二一三號
倍文	陳良速	大中路五號	四〇五號
萃經堂	葉澗澤	鎮邦路三四	
聯友	趙玉衡	太山路一八	
新裕泰	王惠文	廈禾路二三五	
振華	徐振華	人和路三〇	五七六號
新豐發	趙維切	後海墘二號	
南方印務公司	容亞福	大中路七號	
良友印刷公司		中山路	

▲雕刻·裱褙·繡工

商號	負責人	住址	電話
藝聲	洪湘潭	中山路二五八	
東海	余謂臣	中山路一六一	
廣文堂	林永茂	中山路二七三	二五二一號
趙銀水		曾姑娘巷二九	
施錫三		大同路四六二	
振南堂	蘇啓堯	局口街九號	
中祥	歐陽國佐	思明西路八九	
繪古齋	曾忠和	鎮邦路一〇一	
天華齋	吳翠蘭	鎮邦路一一四	
陳瑞蓮		開禾路一一二	
建成	陳春墨	鎮邦路一二〇	

戊、五金類

▲五金

商號	負責人	住址	電話
黃成源		水仙路七號	八〇號
應三	侯守富	水仙路二五	
大興昌	張青福	水仙路二九	
榮昌	謝榮昌	中山路四五	
正金本	王何氏	中山路二三一	
金記		水仙路八八	八八三號
三星	侯萩悌	水仙路二九五	
盛安	郭水還	水仙路二九五	
林建興	林大勝	中山路二〇六	一六九號
永勝利	蘇乾	思明南路二七七	

商號	經理	地址	電話
義泰	陳豆榮	思明南路三一三	
南興	林安	思明南路二九二	
建興	陳建輝	思明北路四九一	五〇四號
金和興	張增壽	思明北路九〇	
廣合成	陳[illegible]輝	思明北路一五六	
楊永茂	楊春	思明北路九九	
汪清雲	汪清雲	思明北路一四七	
謝軍	謝軍	思明北路一四七	
李和	李和	思明北路一四九	
李有村	李[illegible]藝	後廳衙一五	
順記	陳順	定安路二〇	
郭泰雲	郭泰雲	大同路四四七	
永興漆行	巫如松	大同路二〇八	三五〇號
勝興	劉瑞章	大同路二二二	八九六號
新合義	蔡吉堂	大同路二四八	六六八號
鼎新	馬本通	大同路三八二	五六三號
泰興	巫如珊	大同路三八四	
輝記		大同路四三六	六〇二號
華南	陳振興	開元路三三七	
捷順	吳捷安	開元路一〇	
三明	陳寶[illegible]	開元路六八	
永興	吳其昌	開元路二四八	
茂源		開元路二八四	六二一號
生福		開元路二七四	七一號
協隆	林鎮義	開元路二八八	
協隆	黃英耀	開元路二九〇	
源昌	陳炳保	橫竹路二三	
同明	林仁壽	橫竹路六路	
廣義和	黃田贊	開禾路五九	
金同成	廖烏龍	鎮邦路七號	
歌林	陳川莊	大中路四一	
義源	潘義川	思明西路八號	五七四號
中華	劉浩忠	思明西路一七	
粮記	李怡播	太和路一六	一一四八
生福		廈禾路一八二	
精華工業社	楊紹海	溪岸路二四	
萬利	孫世強	中山路二七	七七一號
三光	鄭振華	大同路二一四	二二〇號
光華		思明南路三〇九	

商業

商號	經理	地址	電話
大華	廖學而	思明南路三八七	
銀光行		思明南路四五一	
同發	洪國藩	思明南路四四六	
達東	吳連新	思明北路二二	
永明	吳江水	思明北路六七	一〇八號
振聲	林振聲	大同路三六三	
聯發	李强	大同路二三二	七〇六號
建裕	林清浦	開元路四六	
朝記	蔡板	開元路六四	
新光明	許文惠	開元路二〇二	一六一號
林昌記	林壽椿	橫竹路三五	
德發	劉新裕	開禾路六五	
合益	劉子文	開禾路六五	
劉文考	劉文考	開禾路七九	
劉源發	劉盛堅	開禾路一〇七	
金連	劉義	開禾路七〇	
申光		思明南路三九三	四三二號
福隆	劉生少	開禾路七六	
順發	王水旺	開禾路一二六	
正元利	陳德	局口街二九	
義成	陳章	鎮邦路九六	九四八號
泰興	林知惠	鷺江道二一	
協發	郭福斌	鷺江道二七	
唐先興	唐先興	鎮邦路一〇三	
吉祥安	黃揚書	廈禾路三二一	
鷺星	周清	廈禾路一六五	
廣德	潘傑	廈禾路一六一	
忠良	陳忠良	廈禾路二三〇	
陳後源		禾太路一八	
正石利	邱海清	禾太路二四〇	
廈門公司	傅陸龍	廈禾路二一二	
星光		中山路二二四	二〇〇號
勝祥發	莊祥	開元路八三	
文益	蔡慶昌	開元路八五	
乾坤	游文章	開元路八九	
長發	葉清發	開元路六九	
協發	翁志汶	開元路一一九	
坤記	張秀坤	開元路二〇一	
林成美	林椿江	開元路二四五	
萬記	廖其限	開元路二四七	

商號	負責人	住址	電話
同發	洪國華	開元路四六六	三三六號
時安	林文	中山路二一	
太興	黃炳	開元路一二四	
福昌	李芹琶	中山路二六七	
明聲	洪清潭	新路街四四	
光華	聶昌隆	中山路二六五	
正金本	王棟樑	中山路二六三	
廣協和	黃享維	大同路三四八	
源豐	李金芳	開元路二三三	
祥美	黃明傳	思明南路二八七	
榮美	陳振南	人和路一號	
再勝發	吳煌璋	開平路二號	
厦記	陳夏水	厦禾路二五四	
晨光		厦禾路三五七	六〇五號
百福		中山路二〇四	三〇七號

▲鐘錶

商號	負責人	住址	電話
光遠行	沈鋶銘	中山路一二八	一〇六三
大華	鄭奇雄	中山路一四九	
天泉	邱木森	中山路一五三	
青光	張炎光	中山路一六一	
德裕	楊振國	中山路一九五	
大達	曾茂林	中山路二一七	一二七號
愼時	陳國欽	中山路二六二	八五八號
時昌	程明哥	中山路七五	
恆時	陳長康	中山路一三〇	
萬國	林棟生	中山路一三二	
南光	陳鏡波	中山路一三八	
時代	胡兆麟	中山路一六四	
德和	黃明德	中山路一七六	
永利	翁依水	中山路二〇四	
公和	林興泉	中山路二六八	
愼昌	莊戰三	思明南路四八七	七二八號
時新	許銀仔	大同路三五三	
德時	王振炎	大同路一八八	
華星	林叔馨	大同路四〇〇	
勝泰	陳清泉	開元路三三三	
和時		鎮邦路一〇五	
大生	陳大生	思明南路四四六	
同時	鄭依文	開元路二一七	

商號	負責人	住址	電話
勝雅	白志華	鎮邦路七三	
林泉興	林本炎	鎮邦路五四	
德和		中華路一七	
寶成源	黃福成	水仙路七號	
金記	林春森	水仙路二七	
金利	張倍士	小學路五二	

▲珠寶

商號	負責人	住址	電話
天華	林昇斌	中山路十七	五四號
益豐	林貞翔	中山路一八一	
天寶成	陳林氏	中山路一九七	
金寶樓	陳張氏	中山路二〇一	八七八號
時代	王振德	中山路一六四	
福成	駱秋治	大同路二〇三	
天元	王騰元	大同路三六〇	
謙興	沈雋雲	大同路三九三	九一二號
中美	沈應財	大同路三七五	一〇三九
[illegible]山	邱金澤	大同路三七七	一一三四
金城	陳禮堂	大同路三八一	六〇七號
金盛	溫開山	大同路三八五	一〇五九
振泰	陳玉瑞	大同路三九一	
大豐	陳振源	大同路三〇〇	六九四號
慶豐	陳密娟	大同路四一一	九〇九號
大豐新記	鄭永聯	大同路四一三	
南成	光樹宙	大同路四一七	
興記	莊丹興	大同路四一七	
永和	林庚申	大同路四二七	一〇八九
崇寶	周綺芳	大同路四三一	三五八號
金泰	杜榭州	大同路四二三	三二六號
振興	黃淑英	大同路四三五	八二九號
景福	沈金態	大同路四三七	一三八號
恆豐	陳忠賢	大同路四三九	一一八二
永東	蔡富源	大同路四四五	
金豐	陳玉瑞	大同路三三〇	
珍寶	林泰海	大同路一九〇	
華豐	陳良琴	大同路一九六	
建發	王啓明	大同路一九八	
大華	鍾志玉	大同路二二四	
元寶	李芝松	大同路二五四	九二八號
天寶	許彩鳳	大同路二六〇	七五一號

寶裕	張可仙	大同路二六八	八一五號
永豐	曾朝焜	大同路二七〇	八八一號
麗都	黃水鵬	大同路二八八	九九四號
豐祥	莊鐵悌	大同路二九二	
三益	曾碩彩	內武廟五號	五二一號
得發	林文桂	開元路一三九	
寶美	吳祖意	開禾路六九	
和邊	胡里光	開禾路八號	
聚寶	王慶重	鎮邦路二五	
泰美		鎮邦路六〇	二七四號
聚珍	陳清福	鎮邦路八七	六一八號
奎華	吳振華	鎮邦路八九	
寶[illegible]	[illegible]寶康	鎮邦路九七	
大成	張同安	鎮邦路一三四	一〇四四
錦興	陳元芳	溪岸路一二六	
瑞華	莫枝祿	霞溪路一〇	
振華	鍾文選	鎮邦路八三	七七二號
樂友	王文謙	古宮路四九	
萬美	蔣春美	大學路九一	
瑞豐	王黃氏	新路街七二	五三〇號

謙和	沈昆龍		
瑞寶	沈清潭		
永成	杜鳳翔		
永興	梁其昌	開元路二四八	一〇九四
愛華	陳俊鵬	大同路三二七	五二七號
余以誠	余以誠	民國路一一五	三三七號

己，衛生類

▲參藥

商號	負責人	住址	電話
中源	黃振括	大同路四一八	
瑞芳	蘇正門	大同路四五一	六二四號
玉波天	楊玉光	大同路四五七	一〇一三
福泉昌	方彈池	大同路四五九	
德昌		大同路四六一	三八號
豐美	張子傑	大同路四六八	
光大	林寶煌	大同路四六五	
天和	劉清浦	大同路四〇四	
留春閣	蘇祿份	大同路四〇八	
建東	許復初	大同路四二〇	

宜德	曾中清	鎮邦路八一	
益安堂	林維高	思明北路五五	
元壽	鄭雪貞	大同路七四	
開元		晨光路五九	
大裕	周守耀	大同路四三四	
正大	林東山	橫竹路一號	六九〇號
益源	陳池	鎮邦路六一	五二七號
乾德		人和路一一	一一五〇
周殷昌		人和路一三	七二六號
源榮勤記		人和路二三	
源榮泰記		人和路二五	七六四號
合春	許忠倫	開元路一一六	一二五號
一大		大同路四六七	七二三號
德大		大同路八八	八八〇號

▲理髮

商號	負責人	住址	電話
美華	盧詩仔	水仙路一九	
新新	李慶雲	水仙路五一	
國民興	陳國祥	中山路五號	
大明星	陳根本	中山路九九	

一新	林嫩悌	中山路一〇七
德興	嚴安惠	中山路一六三
新生	林泰山	中山路一八
中央	湯長明	中山路二一四
德利亞	陳依三	思明南路三一七
南新	宋瑞光	思明南路四一六
大華	王則忠	思明南路四四四
星洲	蕭守良	思明北路一二六
維利賓	馬金榜	思明北路二三
百齡	劉記	思明北路二九(二樓)四二一
美々利	鄭烏亞	思明北路七一
德成	郭大祥	後廳衙一三
勝世界	陳錢通	大同路七〇
雅新	黃兆培	大同路八二
紫燕賓	章若棟	開元路一一
紫荊蘭	鄭毛	開元路五五
麗雅	俞孝利	開元路三二五
美利賓	陳錦川	開元路一三六
美雅	范家英	開元路三九八
利華賓	王坤官	開禾路四三

商號	負責人	住址	電話
鳳東龍	邱綢妹	海後路三一	
民生	林恆生	局口街六三	
衛生	黃振玉	大中路四八	
萬興	劉天來	思明東路九五	
亞洲	鄭四弟	晨光路七一	
潮新	高陳氏	廈禾路三三四	
隆興	陳鋪龍	禾祥街四〇	
新忠興	涂忠明	禾祥街一五七	
大衆興	陳金甚	禾泰街二九	
英美福	鄧南山	中華路七二	
景華軒	陳章氏	大元路二號	
宛新閣	蔡林氏	溪岸路一一	
華僑		中山路	
中美	陳文德		
西羅蘭	馬坤祥	思明南路三七七	
中國		中山路	

庚，其他類

▲國際貿易

商號	負責人	住址	電話
通安	林發美	中山路三六三	一〇〇九
區光	朱傑三	中山路三五九	七一六號
互惠公司		中山路三五五	七八二號
集僑公司	陳逸利	大同路五〇九	四二四號
萬和	陳民換	開元路二五三	
經緯公司		昇平路四四	八八九號
太利	黃長銘	昇平路一六	七三〇號
龍鑿	黃超鑿	中山路三五九	
復興商行	曾文托	大同路五一八	九五號
謙益	駱清漢	海後路五一	八八號
大達貿易公司		大同路四五六	
東南建業公司		海後路二號	五三一號

▲香滬採運什粮轉運商

商號	負責人	住址	電話
仁成	翁吉人	廈禾路四一三	
綿瑞	汪筱岩	廈禾路	
華祥	王清華	水仙路五三	
信義	洪順吉	鷺江道一四八	一〇八〇
南僑	葉潮來	鷺江道一五二	五五九號

商號	負責人	住址	電話
誠中	黃友杰	人和路一二	五一八號
有利	郭嫣因	鷺江道一〇	
四興	許淵西	洪本部一〇	三二二號
協隆	陳天梅	打鐵街一三八	
明德	何伯綿	中山路三五九	一五二號
和益	馬應顯	中山路三三三	七七七號
聯大企業公司	林其綿	中山路三四三	五二三號
重慶	顏碧海	中山路三〇八	
永泰	林夢星	大同路五〇七	三六八號

▲山貨

商號	負責人	住址	電話
公友	高玉振	中山路二四三	一〇七六
邱思照	邱思照	打鐵街八四	
啓昌	黃啓昌	打鉄街八五	
振盛	柯書甫	鷺江道	
勝利	陳棠	鷺江道	
漳春	黃石盤	鷺江道	
振成	廖詩泉	鷺江道	
協昌	陳樹根	鷺江道五九	

商業

商號	負責人	住址
連昌	郭鼻	鷺江道六一
遠成	林達興	鷺江道六三
王奇昌	王孝騰	鷺江道七一
瑞發	吳聖文	鷺江道一一六
合興	陳水秋	鷺江道一八二
勝裕	陳天助	鷺江道一九〇
忠記	黃嘉忠	鷺江道一九二
瑞泰	林振隆	鷺江道二〇二
泉和	鄭眞	鷺江道二〇八
時新	魏貽眞	鷺江道二一四
瑞發	鄭宛發	鷺江道二一六
金生興	陳學海	龍船礁巷三號
義成	鄭建民	龍船礁巷四號
慶隆	黃九	龍船礁巷五號
榮成	林川原	龍船礁巷六號
僑興	林國聲	龍船礁巷七號
勝山	張振聲	龍船礁巷九號
聯成	張振坤	龍船礁巷八號
泰山	張勝	太山街一五五
發育	鄭阿品	溪岸街一號

商號	負責人	住址	電話
添記	許添基	溪岸街三號	
再生	林有福	溪岸街五六	
玉記	呂玉遠	人和路九六	
榮和	呂再水	第二市場四二	
大陸	嚴溪泉	大同路四六四	七三四號

▲雜業

商號	負責人	住址	電話
大昌	楊業種	水仙路三八	
銀盾大王	陳蒞安	中山路二一五	
朗盧	林朗	中山路二九八	
華成	陸秉卿	中山路一〇	
廣合昌	余欽郎	中山路一七二	
錦利	鄭錦泉	中山路一八六	
中國	陳永昌	中山路二三四	
明星	吳天賜	思明南路二四五	
成發	黃有	思明南路二七一	
慶春堂	劉添水	思明南路三六一	
樂記	樂玉波	思明南路二八〇	
協興	陳產朝	思明南路三五二	
興記	陳[illegible]南	思明南路三六八	
周南成	周協成	思明北路二六	
和成	廖坤	思明北路八六	
新星記	林天賜	思明北路九二	
泉南	許周文	開禾路四〇	
和美	紀漳	開禾路八六	
慶順	曾瑞華	昇平路八〇	
捷興	傅文理	局口街六號	
錦發	吳德生	打鐵街一一二	
集美實業公司	黃鏘	昇平路五〇	八三七號
大輪公司	陳亞金	鎮邦路六七	
振興	邱明	鎮邦路三號	
永新	邱廷洲	鎮邦路二三	
協美	吳耀君	鎮邦路三七	
南華	林雙喜	鷺江道三一	
延陵化學工業社	陳昆生	中華路八二	
學大		中華路七五	
南大行	紀肅亭	開元路二四四	五九六號
建和公司		海後路一號	
源興	許玉生	思明北路一四九	

商業

更生商店	王俊生	定安路九號	二六一號
慶記	呂慶祥	定安路二二	
晶華	陳金官	定安路七六	
協成興	林德園	大同路二〇一	
協德	曾大賜	大同路九四	
民生	羅志球	大同路三六四	一一九八
華南	王金埔	大同路二〇一	
桃李園	張李榮	開元路一五五	
永利	蔡德川	開元路一九九	
祥來	楊振祥	開元路二四一	
昌利	林泰山	開元路二六	
建興	張冰田	開元路三四	六八七號
裕祥	洪江海	開元路二三四	
新金成	朱文成	横竹路三號	
林成興	林仁濟	横竹路三六	
集興	洪侯模	開禾路九五	
建安行		海後路四一	
利華		海後路三八	
德昌		打鐵街一二	
三三行		磁安路九二	

黃金香	黃天送	磁安路二一九
黃金香		大同路二六一

▲照相

商號	負責人	住址	電話
勝利	黃志裕	中山路六五	九七八號
良友	陳臨彬	中山路一六七	五二六號
新光	陳文偉	中山路二三三	一〇五四
中國	郭水生	中山路二三五	八七號
美的	歐陽墳	中山路二五九	一〇三一
思明	許英仁	思明北路五六	
宜眞	陳獅	定安路六一	
青年	翁雨生	開元路二二二	
永然	翁萬金	横竹路一三	
美林	陳炳基	思明西路九號	
俊明	吳玆沂	海後路四三	八二七號
都會		公園南路三五	二一八號
益智	李水發	思明西路二〇	
蝴蝶		中山路	

▲廣告畫室

商號	負責人	住址	電話
奇奇	洪玉明	思明北路八七	

商號	負責人	住址	電話
長風	曾棟樑	大中路四三	
天馬	葉迈勇	思明西路一四	
光明		思明東路	
勝利	陳雲中	中山路	
文生畫館	曾文生	思明南路三六八	
崖草畫室	簾崖草	定安路四一	一〇九號
二人畫室	陳士高	定安路	
英英	李彰英	大井脚	
眞美		大中路九〇	
南鷹社	黃硯農	思明南路	
妙妙	李福	中岸巷一八	
白鷺		思明北路	
永成		思明北路	

▲麻袋·纜索·篾

商號	負責人	住址	電話
榮法	陳子富	開禾路一一	
增來	陳黃氏	開禾路八九	
廣安行	石仰門	開禾路六號	
聯德	陳行義	鷺江道一二八	
源利	陳文汀	人和路一五	

商號	負責人	住址	電話
洽德		人和路一一六	
合利		人和路二九	
陳和隆		人和路九號	
南興		人和路三一	
聯隆		人和路八三	
張長水	張長水	開禾路二六	
永義昌	吳天榮	人和路二號	
順成	陳天佑	禾泰街三八	

▲香灼·鼓樂

商號	負責人	住址	電話
勝蘭香	阮永壽	水仙路三六	
福源泰	陳任之	中山路一五七	
瑞興隆	高後煌	中山路二九一	
金順發	劉如	思明南路三一八	
華香齋	周文浩	思明北路一〇〇	
福南堂	曾泰山	思明北路一六九	
復香堂	謝永安	定安路四〇	
金福春	吳慶堂	大同路二三八	
福安堂	李金波	開元路一三三	
志成	呂大德	橋亭五號	

| 義耕源 | | 棉襪巷一二 | |
| 年發 | 陳年發 | 太平路三二一 | |

▲木較。秤。鼎

商號	負責人	住址	電話
標記	黃標	大同路一六九	
眞利	白天意	大同路二一一	
東發	盧撻獅	大同路一四六	
張蓬萊		霞溪路二號	
金慶成	蔣清風	洪本部五二	
準和	鄭佛賜	南簥巷四〇	
順利	陳雪珠	南簥巷一〇九	
泉盛	楊成岳	思明北路一五三	
泉美	尤宇宙	思明北路一〇一	
大成	白瑞福	禾祥街一七二	
金慶豐	吳來車	大同路一五四	

辛，鼓浪嶼區各途商

▲綢布

商號	負責人	住址	電話
隆順	柯炳富	筆山路三號	二七六號
瑞記	劉瑞碧	龍頭路二四三	
德祥	呂禎祥	龍頭路二五三	
建南	陳建生	龍頭路三八八	
同英	卓宇成	龍頭路七七	二三一號
天成	黃神[illegible]	龍頭路二三九	
南豐	林淑章	龍頭路三八六	
平安	鄭巧雲	龍頭路一四五	
允升	林文火	龍頭路二三五	一〇九號
香港	鄭培才	龍頭路	

▲成衣

商號	負責人	住址	電話
美友	方象書	龍頭路二一九	三八四號
震大	王樂飛	龍頭路三三二	三七一號
雅新	陳世椿	龍頭路一九九	
大慶	王清乾	晃岩路五號	
太昌	戴貴德	晃岩路三號	三九一號
南新	張學銘	龍頭路三三四	二四五號
大華	林祥華	龍頭路二〇七	
老泰昌	陳維林	晃岩路一六	

商號	負責人	住址	電話
恆新	陳錦藩	福建路四七	
同新	唐則瀾	晃岩路一二	
李朝記	李春雨	龍頭路二五	四三四號
青年	朱玉如	龍頭路七五	
利泰	沈香泉	晃岩路一二	
永興	林秋官	龍頭路三四〇	
興利	劉依嫩	龍頭路三八八	
建美	張志初	龍頭路一八五	
立榮康	管佐平	中華路三八	
寶昌	唐大信	內厝澳六一	
漢昌	曾興明	福州路八八	
利華	張思智	日興路一二	
良友	陳麗蘋	泉州路七一	
麗都	岑如金	泉州路六七	一二六號
林東海	林文彬	福州路八九	
黃玉梱嫂		中華路六一	
瑞康	趙瑞庭	安海路四九	
英華	陳福官	龍頭路二〇二	
華興	陳忠恩	龍頭路二一六	
管復章	周森增	泉州路九七	

商號	負責人	住址	電話
康泰祥	毛富水	泉州路七七	
時新	張相華	泉州路三〇	
孫依豪	孫依豪	海壇路五四	
允華	高興賢	福建路一七	
殷順記	殷山明	龍頭路	
合成祥	楊月照	日興路三號	
全新	鄭福成	龍頭路三七	

▲鞋

商號	負責人	住址	電話
華利	陳賜源	泉州路六九	
步新	黃文星	龍頭路二五一	
萬成	夏志起	龍頭路一七二	
黎明	徐岩貢	龍頭路四九	一〇五號
世界	余玉森	龍頭路一九一	
金記	謝金生	龍頭路一一六	
博愛	盧振川	泉州路四〇	
進步	黃維姜	龍頭路二二	四二八號
淛江	陳壽生	泉州路四七	
美新	林建春	泉州路三九	
南京	王志仁	龍頭路七九	三九二號

商號	負責人	住址	電話
東方白	沈瀛洲	龍頭路一三三	
永安	厳錦文	龍頭路一六	
新華	黃培輝	龍頭路一二	
全發	陳振麟	龍頭路八號	
明都會	黃德水	安海路四七	
百靈	王金山	龍頭路二六〇	
南豐	張 鑫	泉州路四二	
新順	孫秀英	龍頭路三八	
明星	張直夫	龍頭路一一五	
新源	聶炎成	龍頭路一六七	
建華	葉廷貴	維新路八號	
連記	黃連生	福州路一五一	
賜記	劉賢賜	海壇路五號	
柏林	李裕松	中華路七一	
信昌	高金春	龍頭路五二二	
	粘清湖	泉州路五號	
雙龍	林獅寶	福建路七〇	

▲百貨

商號	負責人	住址	電話
隆泰	陳 燕	龍頭路三九四	
新華	林新華	龍頭路一八一	
同成	楊寶貴	龍頭路一七一	
元泰	唐袁林	龍頭路一四〇	
百齡	陳有成	龍頭路一二一	三〇六號
瑞士	高紹琪	龍頭路三九六	二八一號
明軒	陳添水	龍頭路三九〇	四〇一號
泰豐	郭廷山	龍頭路二六八	
瑞成	黃洪成	龍頭路一六八	
文記	許世恭	龍頭路二五〇	
新紹安	唐文梓	龍頭路三四四	二一八號
怡青	劉樹桐	龍頭路三八八	二四三號
永安	潘洛陽	龍頭路三七〇	
士林	許再石	龍頭路三八〇	
南永	白錦賜	海壇路五〇	
萬和	程穎傑	龍頭路一五八	
惠羅	溫仁玉	龍頭路三五四	
金記	黃金月	龍頭路四一二	
協順發	白 鉄	龍頭路四七〇	
美達	黃國華	龍頭路三四六	
劉同和	劉道奎	龍頭路一七七	

東方	胡壽康	龍頭路二六一	一五八號
鼎新	陳德漢	龍頭路二四五	
迦南	邱明華	龍頭路二四	
惠源	吳振嘉	晃岩路一一	
錦生	施國惠	龍頭路二九七	三〇九號
萬國	梁樹芬	龍頭路一四	四五五號
協和	劉道棒	龍頭路二四〇	

▲五谷

商號	負責人	住址	電話
協順	張順福		三〇一號
和泰	張火生	市場路四號	
惠成	黃炎成	三和路一二	四〇八號
金記	陳金桂	海壇路二六	
永和成	李芋如	龍頭路一九二	
賜記	陳福賜	龍頭路二七七	
和發	何朋	市場路九二	
泉興	吳善讀	市場路九九	
合成	劉春林	泉州路二四	
謙誠	施寶樹	泉州路二二	
兆豐	陳百齡		
晉發	楊文華	內厝澳四一一	
發興	陳木成	福州路一〇一	
振興	陳玉水	福州路一六三	
合興	陳水良	內厝澳	
發記	劉隨治	內厝澳	
華興	楊福修	海壇路五六	
和慶合記	何聲江	龍頭路一七九	六五號
泉成	王觀瀚	龍頭路一九三	一六五號
和記	林天清	龍頭路二二三	
金昭德	曾玉田	福州路四四	
順和	張順序	龍頭路三一五	
南記	吳和尙	海壇路一九	三一二號
新發	方清池	海壇路一三	二九六號
榮記	李仲榮	龍頭路二三八	三二四號
正豐	郭聲鏡	泉州路九號	三九八號
榮春	陳天機	市場路四號	四〇四號
惠興	程春德	龍頭路一五二	
洽豐	楊熙甫	泉州路四九	
胡協興	胡孫明	海壇路七號	
慶源	任慶源	龍頭路四〇〇	

商業

商號	負責人	住址	電話
美豐	蔡文韜	龍頭路三六四	
隆泰	陳燕	龍頭路三九二	
連成	吳文舉	內厝澳二七八	
忠成	潘光成	內厝澳一七三	
榮昌	顏昌鐵	內厝澳二二六	
同洽發	柯幼嘉	市場路三號	二七四號
聯源	李湘潭	海壇路二〇	
和源	林輝彥	市場路四三	一〇一號
合隆	黃懿	龍頭路三〇九	
大有	蕭文木	海壇路九號	一四三號
豐昌	吳福壽	泉州路二〇	
源生	謝樹森	龍頭路二〇三	一五九號
華東	張家平	福建路一號	二一〇號
星光	李景星	龍頭路二五七	三三〇號
泉成	吳皆得	福建路二九	
建源	蔡嘉猶	龍頭路三六六	二二三號
新捷發	陳撻	龍頭路二六一	三一一號
同興	蔡其樽	海壇路二二	
金合興	王金貴	中華路二七	
復興	葉昆炎	龍頭路一八九	一五號
新合順	陳永源	龍頭路九一	三三七號
協美	許宗英	海壇路二一	
盛興	林海森	龍頭路四九八	一七一號
惠鍾	鍾馬送	內厝澳一七九	
新隆成	盧開牆	雞山路四九	
益利	林氏鈎	內厝澳二八三	
福利	王陳氏 水來	復興路八六	
成發	黃水薑	內厝澳一四九	

▲柴炭

商號	負責人	住址	電話
源豐	何接生	錦祥街三號	
協豐	陳忠誠	龍頭路四七六	三七四號
新發	黃顯文	龍頭路四一四	
順發	陳美洲	龍頭路四一八	
永成	洪華德	錦祥路一〇	
順有	江待友	龍頭街四五四	
新和豐	洪宗和	龍頭路二二四	
協和	蘇玉亭	龍頭路四三八	
成興	洪進忠	福建路七六	

商號	負責人	住址
永順	黃英	龍頭路二〇四
英友記	黃友順	內厝澳一三六
忠誠	潘元成	內厝澳一七三
豐福	陳欽夫	龍頭路二八二
吳德安		龍頭路三二八
順源	陳郭氏成	龍頭路一五二
惠和	鄭海諒	海壇路二三
林和興	林厦門	龍頭路四一六
森泰	潘惠	龍頭路四六六
勝興	蘇阿獅	龍頭路一三五
慶隆	李仲品	龍頭路二八八
和豐	陳石卿	龍頭路壙地內
宗記	紀傑宗	福州路九二
新合發	陳金生	泉州路六一
瑞興	陳寶印	龍頭路四四四
聯成	黃晉成	龍頭路二二二
陳玉水		
全成	高明山	龍頭路一一六
何家友		
振記	黃清恩	福州路一八三
大昌	潘老冬	福州路九四
福源	黃宗全	龍頭路八五一
葉春霖		龍頭路二九九

▲屠宰

商號	負責人	住址	電話
	張順發	市場內	
	張圓目	市場內	
豐福	陳欽夫	市場內	
	謝謀	市場內	
	王清輝	市場內	
	黃鈞水	市場內	
	黃助生	市場內	
	黃流水	市場內	
	張水高	市場內	
	朱雞	市場內	
	方晉法	市場內	
	陳福興	市場內	
	程雙水	市場內	
金源興	葉金標	市場內	
	陳清	市場內	

攤販 姚乞來 市場內
林　顧 市場內
張雙福 市場內
王福林 市場內
吳慶良 市場內
林　藩 市場內
戴　悅 市場內
陳馬萱 市場內
林春水 市場內
王玉崐 市場內
陳　娘 市場內
陳發生 市場內
王都成 市場內
黃金桂 市場內
永發 黃寶德 市場內
攤販 江　情 市場內
鄭欠水 市場內
黃春成 市場內
鄭仁宗 市場內
吳萬全 市場內

攤販 陳建漢 市場內
林來記 市場內
陳　平 市場內
秋發 黃秋水 市場內

▲京飪

商號	負責人	住址	電話
恆和	黃阿悌	海壇路四號	
廣德居	蕭乞	泉州路二八	
豹記	林春豹	龍頭路二一八	
水記	林水木	龍頭路一〇三	
成記	姚來進	泉州路四五	
藏記	陳藏	龍頭路九四	
洞天	楊瑞忠	龍頭路五〇	四九號
苑香居	吳發娘	龍頭路一四六	
珍妙香	蕭拱達	市場路三三	
利成	徐輝願	市場路五一	
楓記	黃怡楓	市場路五一	
新聯珍	陳進財	龍頭路三六二	
海興	鄭海	市場路五一	
朱聯發	朱聯發	市場路三一	

樹記	林樹眉	市場路三一	
新兩成	蕭阿錐	市場路三一	
冠天陞	陸義	龍頭路四一	二三二號
陳祥記	陳祥	龍頭路一一八	
廣州	林潤生	龍頭路二五五	一五七號
源發	杜儀	龍頭路九四	
樂園	林建順	龍頭路二五	
新中國	吳樹堂	龍頭路二一一	

▲海味

商號	負責人	住址	電話
新源發	陳春	市場內	
駱烟發		市場內	
順發	駱烟木	市場內	
長再興	方長継	市場內	
三合興	方長齡	市場內	一六八號
協興和記	駱和興	市場內	
瑞發	紀經財	市場內	
永泰	黃金富	市場內	
新順源	駱增發	市場內	
慶和	駱大目	市場內	
利成	郭木生	市場內	

▲菸酒

商號	負責人	住址	電話
同順興	許傳生	龍頭路一二四	
和記	林天清	龍頭路二四〇	四〇九號
華興隆	劉穎華	龍頭路二二九	
裕豐	黃丙寅	日興路一四	七五號
萬福堂	柯乃川	龍頭路一三九	
老合順	方水頓	泉州路六一	
永成	陳清華	龍頭路四〇二	
金蘭香	李奕芳	龍頭路三〇一	
明記	黃明	龍頭路三〇五	
杏花村	梁東山	龍頭路四八〇	
晉源	楊冀川	龍頭路四五三	一一一號
順興	黃根籐	龍頭路二〇五	
賜興	周媽賜	龍頭路二一七	
福源進	吳積勳	龍頭路一四四	
大成	胡江漢	龍頭路二二一	
新利	謝守澤	泉州路七九	
聯興	黃友慈	龍頭路三六二	

商號	負責人	住址	電話
謙興	黃友情	市場路三一	
蘭香	毛理文	龍頭路二七三	
新大福	陳依平	龍頭路三九八	
協成	卓子雲	泉州路八一	
漢興	何漢奎	龍頭路三三〇	
泰源	張傳榜	龍頭路二二五	
美德堂	程明標	龍頭路一七三	
合源	傅維萍	龍頭路一四三	六三號
林禮新	林子波	內厝澳四七	
金天成	楊尚德	龍頭路一七五	
協義成	黃文彩	晃岩路一五	
裕泉酒廠	周席珍	康泰路一五	四一一號
協成	林文朝	龍頭路二六三	
老良心	周茂盛	泉州路三五	
泉興	張有	福建路一四	
新建成	黃仁	泉州路三八	
和德	林文楫	內厝澳四三	
榮記	葉文榮	內厝澳二五三	
勝利	蘇彬	泉州路五一	
侯朝源		內厝澳二六一	

▲豆腐

商號	負責人	住址	電話
建發	鄭仁宗	市場路四二	
萬興	戴水生	海壇路三號	
順發	黃媽壹		
楊聯美	楊湧泉	市場路二號	
福成春	黃天坡	市場路三七	
復興	吳營生	市場路三九	
際記	連良山	內厝澳一一二	
惠昌	鄭寶興	內厝澳	
和發	何評	市場路五八	
源發	鄭明元	市場路七七	
慶祥	李慶法	市場路三五	
江成	高長允	市場路	

▲糕餅

商號	負責人	住址	電話
勝利	陳清秀	龍頭路五四八	
達華	鄭克仁	龍頭路三七二	三一六號
和興	曾紀華	泉州路六號	三四六號
紫蘭齋	黃媽爐	內厝澳四三	

商號	負責人	住址	電話
蕭瑞姜	蕭瑞姜	龍頭路二五八	
新桂香	謝慶餘	龍頭路一三四	
雙蘭齋	何阿成	龍頭路一三六	
慶蘭	鄧滄池	龍頭路三七一	一四九號
長興	郭和尚	龍頭路四八四	
金泉發	王金鉄	龍頭路二一九	
鼓浪嶼	丁開祥	龍頭路三五	二九號
添成	林和祥	龍頭路一三〇	
康利	黃世傑	龍頭路一四九	二八三號
再會	徐瑞源	龍頭路二六五	
三泰	卓協厚	龍頭路二七五	
同發	高路森	泉州路二六	
金發	林水金	泉州路七五	
慶順成	許養生	內厝路二五	
春記	許錢春	泉州路八三	
會紹雲		內厝澳二三	
陽清和		內厝澳二七一	
廣州	吳杭生	泉州路三號	一五七號

▲中西藥

商號	負責人	住址	電話
五洲藥房	葛焜諭	龍頭路一五七	二六一號
建安	潘振宗	海壇路一七	
源泰	張良弼	龍頭路一五八	一九八號
永安	潘洛陽	龍頭路三七〇	
福建	羅國珍	龍頭路三六	三三六號
六安齋	鄭松友	泉州路四三	
福華春	王時鏞	福建路五三	
壽安堂	方織雲	龍頭路三二八	
平民	黃弈田	龍頭路	
益壽春	黃思藻	龍頭路二五四	
益世	黃章甫	龍頭路二四八	
金山堂	廖金山	龍頭路二五四	
福林春	李大佑	龍頭路三三六	
源安居	劉俊平	龍頭路二九五	
芝草霖	蔡邦棣	龍頭路二〇五	
永福堂	黃孚詩	市場路六八	
濟元堂	徐國芬	內厝澳二八二	
懷德居	黃國香	龍頭路一八七	
德安堂	陳家訓	龍頭路三四九	

▲傢俬

商號	負責人	住址	電話
瑞泰	曾紀永	龍頭路四六	九六號
麗代	曾紀成	龍頭路三八	
和利	曾金水	龍頭路一九	二七二號
信潤成	張潤之	龍頭路二號	四〇〇號
鼎成	黃清山	龍頭路四號	
興昌泰	郁瑞隆	龍頭路二七	
祥發	郁聚發	龍頭路一八	
藏古室	莊希欽	龍頭路二八	
合隆	王火金	龍頭路二七	
和成	徐源和	龍頭路	
三餘	吳有春	龍頭路一一	
源裕春	蘇青華	龍頭路一二三	
兆記	張兆基	龍頭路二九二	
新生	林源	龍頭路一一四	
薛仁記	史淑德	龍頭路一〇一	
三合興	洪得勝	龍頭路二七二	
瑞興	陳寶印	龍頭路四四	
成吉利	李惠澤	龍頭路四四六	
新成利	劉國振	泉州路一號	
振源	郭振適	日興路二五	
成興	陳寶生	龍頭路四五	
元成	黃池	龍頭路二九〇	
捷發	蔡大萬	龍頭路二八〇	

▲珠寶

商號	負責人	住址	電話
鳳寶	陳鼎生	龍頭路三五二	一九二號
大同	王少波	龍頭路三六八	一四二號
鳳祥	陳明星	龍頭路一五五	二六〇號
振源	洪漢輝	龍頭路三七四	
華光	王文惠	龍頭路三七六	
南祥	王田化	龍頭路三八四	三三二號
永美	陳裕智	龍頭路三九二	
慎隆	鄭仁悌	龍頭路三二六	一〇八號
瑞祥	黃水生	龍頭路二五九	七〇號
義成	王清標	泉州路一號	二〇六號
瑞隆	黃眞恭	龍頭街二四一	三七九號
天祥	陳福星	龍頭路三八四	
金都	溫振明	龍頭路三五六	一七號

永源	林金標	龍頭路二四五	

▲什業、

商號	負責人	住址	電話
美璋	陳炳基	龍頭路三八	
時代	張恩賜	龍頭路四三	
好利	徐省三	龍頭路四九二	
源記	莊文源	龍頭路三一八	
協泰	郁杏寶	龍頭路二九六	
合衆	白文源	龍頭路四九六	
新智	張連成	龍頭路	
兒童	魏祖森	龍頭路四八六	一三七號
金和春	林氏笑	龍頭路五六二	
大中	李炳煌	龍頭路二六七	
林欣祥	林欣祥	龍頭路三九	
王惠臣		泉州路六三	
松發	黃金水	龍頭路一二〇	
源勝	林傳氏咸	龍頭路二七九	
協興	趙大茂	泉州路一六	
大新隆	黃紹琳	龍頭路二九八	
和發堂	黃阿象	龍頭路一四一	
標準	黃鎮安	龍頭路三二四	三二二號
瑞慶	吳世田	龍頭路四八八	
其記	黃連妹	龍頭路四九二	
衛生商店	郭國頂	龍頭路一五	
源發	林清河	泉州路五三	
彩華春	朱伯寅	泉州路一八	
都會	劉霽萍	泉州路一一	
明山	陳天聲	龍頭路一八三	
中央	湯紀林	龍頭路一四二	
九洲	王志芳	龍頭路一二六	
金華	林金華	龍頭路三九	
利發	陳金訓	龍頭路四七	
慶發	鄭樹勳	海壇路一一	
穀清	黃穀清	龍頭路一五五	
閩南	黃來悌	龍頭路二四八	
中英酒店	丁開祥	龍頭路三五	一一九號
金聯源	楊霖潭	日興路一七	
源成昌	姚啓文	日興路七號	
王霖記	王榕楅	龍頭路六號	
龍頭旅社	葉雲卿	日興路五〇	一三三三號

商業

林泉苑　何志華　龍頭路一三八、

林振利　林賓元　龍頭路一七七

南大成　張黃氏嬌　龍頭路三七八

西施　趙瀕官　龍頭路二三一　三六三號

林國祥　福州路八二

勝美　楊清霖　龍頭路三〇四

錫興　李國民　龍頭路一二三　二六四號

永順　陳文博　龍頭路一六三　三二三號

茂益　蕭世富　龍頭路一四八　一五五號

美記　邱德祥　龍頭路四四

孟依發　維新路一〇

榮發　吳祥仁　龍頭路五一四

舜成　鄭江　龍頭路三〇三

世發　朱濟生　龍頭路三一一

蓬萊　鄭貽香　日興路三二　三一四號

集新　鄭主力　龍頭路一三一

廈門酒店　何炳光　日興路三、八　二五〇號

同成　鄭焞牆

福利　馬瑞官　龍頭路一九六

延齡　蔡文州　龍頭路三五七

宗德　傅張金　龍頭路二一五

張約伯　龍頭路三四二

招明　王文瑞　晃岩路一四

海星　章漢賓　晃岩路二八

月明　黃贊江　日興路三二

耀明　傅春華　龍頭路五一六

豐裕　徐鴻佳　日興路二九

新源成　莊烏山　海壇路

馥香堂　謝永報　龍頭路四六八

黃金香勝記　黃景　龍頭路一四七

聯泰　王世裕　龍頭路五〇

蔣合泰　蔣應該　福建路六四

發記　余萱花　龍頭路

中華電氣公司　黃省堂　福建路四六　四五號

康泰　黃天景　康泰路一一三

良友　鄭金銓　龍頭路一二五

鼓浪嶼戲院　陳日新　市場路六號　二四二號

中國理髮　吳仲良　龍頭路一二六

可成　黃水光　泉州路一二一

興記　趙金水　福建路四五
鼓浪嶼電話公司　林漢南　龍頭路四一　三〇〇號

六・食品介紹

食品其所以使人細嚼過喉，而猶廻其美味嘖嘖稱許者，厥爲製造獨得其法，質料優良之故，食在厦門原極講究，尤其富開之人，精益求精，乃得獨步之功，至於經營食品商家，爲博取顧客之歡迎，招牌之廣者，尤非益研究之能事不可，茲將各食品介紹於下，俾過廈商旅，知所鑑賞。

鹹　品

◉章記蝦麵　章記係戰前廈門蝦麵店之僅存、負名如昔，營設思明北路，其湯爲鮮蝦、冰糖、猪肉煉成，滋味特佳，其他同業鮮能比擬，戰前每碗五分，今則二百三百矣！

◉眞好味蠔仔煎　蠔仔煎爲思明北路眞好味號拿手好戲，味甜而美，係將蕃薯粉攪成濃漿、放下韭菜與蠔，乃傾煎盤，以油煎之，將熟時再加蛋肉於上。

◉麻方五香　自從中華路五香苞死後，廈門五香，遂推海關邊之麻方爲上。五香以赤肉加上扁魚、生葱、麵粉、五香末，調勻後裹以豆皮，作成卷狀，放入油中炸熟即成，和以蘿蔔酸、醬、辣等料，更爲香甘可口，雖担排巷旁，高等人物亦時踞食之。

◉三益魚丸　戰前魚丸最好者，首推橋亭之老三益，現則讓中山路新三益矣，該魚丸生脆適口，以鮮魚混和粉麵製成。

◉廣州肉包　思明南路廣州酒家製售大包，因其皮甜肉鹹，配料豐富，故聲譽日著。

◉桂榕軒餛飩　餛飩以思明南路桂榕軒最爲特色，肉多皮薄，生脆鮮美，該項食品係將赤肉研細成肉漿，和以扁魚，後用麵皮包裹成粒，放入沸水，簏之即合湯進食。

◉合興芋包　以檳榔芋切成細條，和上米漿，中包肉、扁魚、蝦、筍等物，捏成圓狀，蒸熟則成，食時亦滲以酸辣等配料，以思明南路合興號爲上，蓋該號前身乃新路頭美人麵老板也。

◉美人薄餅　薄餅（即春餅）在廈製作最著名

，蓋因蝦，蠔，魚等原料較他處為新鮮也，昔以木屐街之薄餅錢仔最著名，後有關隘內之美人薄餅出與爭比，今木屐街義仔已故，關隘內美人亦變為大同路老婦矣。

甜品

◎慶蘭餡餅　慶蘭創設磁街，今移中山路，經營凡數十載，出品糕餅多種，中以餡餅最良，其做法係以麵粉加入些微水份，使成團狀，再加豬油，打透後，包以豆沙，做成圓盒形，放在上下爐中間煨熟，食之脆膩甜香。

◎雙虎馬蹄酥　中華路雙虎餅店，以製作馬蹄酥稱著，乾食酥脆可口，溼食冲以開水，做作以水溼透麵粉，攪打透後，裹以飴糖，捏成圓粒，形若馬蹄，放在上下爐煨熟，即成「馬蹄酥」，為婚慶禮品。

◎土堆綠豆糕　綠豆糕各糕餅店均有出售，但都不及土堆巷海記好，因有獨特風味，以綠豆炒後磨幼，再加上硼砂少許，拌糖炊熟，入口冰涼甜香。

◎打鐵路頭雪片糕　雪片糕是福州的名食品，在打鐵路頭有一家，品質佳美。以粳磨粉，調和白糖，做成塊狀，以刀切片，色白，故名「雪片糕」。

七・販夫音號

本市各項販夫，分攤排與挑售；或穿街掠巷，為欲使消費者知所問津，各就所售貨物，高聲叫賣，間亦不少利用各種樂聲或音響，以代標幟，俾深居者聞門外某種音響，立可辨知所售何物。茲將各種聲音代替某物之叫賣，分別列下，俾新來廈者知所辨識。

賣豬肉　吹螺或吹牛角。

賣雜貨　旋搖鼓。

賣魚丸湯　用調羹匙敲碗作響。

賣鹽酸甜　敲鐘仔作響。

賣甜橄欖　吹小喇叭。

賣「土筍」凍　吹笛子。

賣餛飩麵　竪搖小鑼。

賣飴糖　敲小鑼。

釘銅匠　以鐵板互擊發聲

閹豬、鷄　吹豎笛

賣糖子　用大剪子相碰發聲。

賣山查　鐵銅內盛滿竹籤、搖動作聲。

賣冰　搖鈴子。

賣唱　彈琵琶與拉二胡。

掠龍(即按摩)用竹板敲擊發聲。

星相　以木盒相碰作聲。

測字　以小竹筒裝竹籤頻搖作聲。

：工業

復員工廠卅餘出品銷暢
倘得僑胞投資興盛可期

一、概述

本市交通便利，商務興盛，大可發展工業，其猶呈萎靡不振者，厥爲富有之流均傾力於商，且戰時所有工廠，爲敵僞摧毀，光復後政府又未切實興倡故也。現本市漸次復員之工廠有釀酒、紡織、米粉、造船等數十家，其間規模完整者固有，然亦不少機件被毀，并且多未脫離家庭工業之境。當局倘能注意扶植，再事改進，一方并鼓勵海外僑胞投資興設，則本市工業，於焉可望興起。

二、手工業

1 米粉　米粉廠有十數家，多設於將軍祠、文灶、梧村一帶，規模較大者可容工人二十餘人，小者亦八九人，多係舊式手製，用電力者僅裕昌一家，該號前以戰息停頓，現將復業，電製月能出產萬五六千斤，手造月以六七千斤爲普遍，每月共出產十餘萬斤，除行銷本市外，可大批配運南洋各地。

其製造廠列下：

商號	負責人	住址	電話
銅記	林劉傑	文灶社	
合春	鍾清泉	將軍祠一九九	
和成	張合和	將軍祠一九八	
同成	紀經文	將軍祠一九九(之一)	
源成	紀經典	將軍祠一九九(之二)	
順記	王詹黎	文灶社	
惠沅	李春金	將軍祠一五	
仲成	林長生	梧村社	

宗記	周倭晶	文灶社
金記	周塗雞	文灶社
合利	吳文篆	梧村社
裕昌	施文恭	塔厝社

2 捲菸　本市捲菸業原有南興、菲律賓華僑捲菸廠，家庭捲菸業等三家，南興廠創於陷敵時期，光復後經政府接收而重新經營，出有鄉子，牡丹等嘜，容納男女工人一百餘人，後因上海以及洋烟源源湧到，大受打擊，終致關歇。菲僑捲煙廠設魚仔路頭二號，有捲煙機三架，故工十多人，出品有士力等嘜。家庭捲菸業有工人二十餘人，址設溪岸玄妙宮。

3 刺繡　戰前本市刺繡業多至十餘家，因受戰禍影響，大部先後倒閉，今僅存者四家，綉工多榕籍，蘇州、湖南、廣東等，現下即僞福州三家，龍溪一家。

工業

商號	負責人	住址	電話
發耕源	王子呈	棉襪巷	
高新華	高依卿	新路街六〇	
天華齋	薦　睪	鎮邦路一一二	
建成	陳維樂	鎮邦路一二〇	

4 魚釣　敵僞踞廈，漁者輟漁，致使本市業魚釣者，相繼關門。收復後漁業頓呈蓬勃，諳斯業者乃相率復員。全市漁業重心在於廈港，該業是以羣集是區。

商號	負責人	住址	電話
四協	阮大華	大學路四七	五四〇號
遠通讀記	陳石信	思明南路一〇〇	
遠通同記	陳老回	大人宮一〇	
林南興	林交	思明南路	
蔡自發	蔡崐山	義和街三號	
林自興	林亞和	大人宮三二	
金聯興	黃禮祺	民生路	
許大澳	許永傳	南打棕街一九	
海成	陳白糖	大學路一七	

至打纜索、滾仔索以及編網等手工業，在廈港有和成，石　司等數家，生意均因漁業興旺而呈佳況。

三·工廠

1 酒類　本市各酒廠釀造酒類、有老酒、米酒、綠酒、國公、紹興、玫瑰露、高粱、雙料以及白醋黑醋等。酒廠二十餘家，均集於後江埭一隅，其規模大者爲晉源、東南、鼎和、醇泉、成源幾家，牌子最老者則推萬全堂、春生堂、詒厥齋。歷史均在百年以上。各廠以晉源可容工人八九十名，廠地六百方丈之規範爲最龐大，其餘槪容工人二三十人一二十人不等。產量每廠月可出產五六千斤之數。銷路除廈鼓之外，多配運台灣、香港、廣東、南洋羣島。

2織布　禾祥街五十三號之民生織布廠，在閩南成百織布廠中，可推爲規模最大者。該廠有織布機八十六具，男女職工一百四十餘人，每日出產在五十匹左右，多線呢類，價格與舶來品不甚伯仲。行銷市內與台灣各地。

3火柴　福廈火柴廠，址設於後江埭，爲光復後接收台奸呂紅毛所經營之榮興洋行而承辦，出有駱駝牌火柴一種行銷於市，有男女工人一百餘人。

4製皮　製皮廠有華南皮廠與福建硝皮廠二家，華南設於後江埭三十四號，有十匹馬力發動機一台，十五馬力電動機一台，製皮機六台，工人六十餘名。福建設鼓浪嶼康泰垵，工人三十餘名，十二匹馬力電動機暨製皮機各一台，兩廠所製皮革，脫售本市以及配輸內陸各地。

5製冰　本市原有製冰廠四家，光復後沙坡尾山海冰廠，因機件被毀，與股東內部爭執，迄未復營，此外成源，東海（即廈港社會服務處），東方三家，經先後製售。成源廠設於後江埭五十七號，工十數人，東海設廈港永福宮，工人九，東方設鼓浪嶼龍頭街二號，職工二三十人。出品冰條炎夏供涼飲，冰藏肉類，冬令即大部傾銷漁民以冰魚。

6醬油　本市淘化大同醬油廠，產品優美，負名已久，戰前握華南罐頭業之牛耳，銷售之廣，遠及國內各大都市以及南洋羣島，戰火所及，該廠損失甚重。該號在廈設有工廠二處，一在鼓康泰路十二號，工人一百五十餘名。一設大生里，工人二十餘，門市零售，有鼓內厝澳與大生里二處。

7造船　造船業現隨漁業之活躍，極呈興盛。該業廠地蟻集大學路與沙坡尾一隅，老板技工，悉爲惠安籍，各廠工人在十數名以上，技工每日工價一萬餘以至二萬，小工亦在萬之左右，觀乎此，不難想像造船業佳況之一斑。茲將工廠列下：

商號	負責人	住址	電話
興廈	黃媽賜	大學路	
源成	王秀雅	沙坡尾五七	九三〇號
源興	林馬來	大學路	
源勝	曾康	沙坡尾	
義成	汪炎輝	沙坡尾	
三九	汪三九	沙坡尾	九九九號
合順	王歪頭	沙坡尾	
義記	汪喜壽	沙坡尾	
源記	王曲霖	大學路一五	
捷記	鄭文賊	大學路	
珍記	謝祥珍	民生路	
祥記	汪能祥	民生路	
細記	王文細	大學路	
汪連枝		沙坡尾	
榮記	謝榮水	沙坡尾	

8電池　電池廠本市共二家，一爲光化，一爲光明，光明廠純係家庭工業，址設大元路二十四號●光化廠規模較大，有電力五馬力車一台，附屬機件二十餘台，工二十多人，廠設將軍祠二十八號，製品有三星牌等嘜，銷行本市外，猶廣銷於內地。

此外，尚有中華製餅廠，址在霞山路。●章新興糕粉飴糖製造廠，址廈禾路二十六號，南洲花磚廠，址設康泰路一一九號，福記鑄造廠，址廈禾路八十一號。馥香堂蚊煙廠，址定安路，玉如製釘廠，址禾山文灶社二號，以及正中、三泰、平直、方圓、廈大、豐源等踞木廠。各廠產品，不僅供諸本市，猶能廣銷內地以及海外。

四・電氣

本市戰前有電氣廠二所，一爲廈門電燈電力股份有限公司，一則鼓浪嶼中華電氣公司。廈門電燈公司係華僑與股商合股於民元創辦，資金額百四十萬元，發電廠築於廈港沙坡尾，有發電機三座，蒸氣鍋爐四座，蒸氣透平機三座，發電機爲汽輪發電，容量三八〇〇基羅，目下發電僅用一部，容量一五〇〇基羅，用戶五六九四，營業部設鎮邦路，目下電燈每度價一千一百五十元，電力每度一千一百元。鼓中華電氣公司，資金四十萬，發電廠在康泰鞍、有九○，一八○，二二○，四○○○匹馬力發電機各一台，油機發動機發電容量三一二把，度數六九一，三二一度，用戶一四九九戶，營業部福建路四十二號。

五・自來水

商辦廈門自來水公司乃於民國十三年由華僑黃奕住等所倡起，當時集資總計爲二百萬元，一切工程概由德國西門子公司承包建設。公司辦事處設本市鷺江道水仙碼頭（見插圖）蓄水池在禾山上里，淨水池在廈港赤嶺，俱於民國十三年興工，十五年完成，是年冬即開始供水於全市。蓄水池最高水量爲二億八千萬加倫，每月全市用水最多二萬五千萬加倫，可供全市用戶九個月之需。赤嶺建沙濾池四個，清水池一個，水源由蓄水池放出，經過沙濾池濾清後再入清水池，然後遞達市區。赤嶺設有消毒室化驗室各一，由專門人才管理，市區內設消防水門五十個，以備消防火警之需，種種設備，頗爲週密，曾受全國品評會稱譽爲全國第一。戰前在鼓浪嶼晃巖山設有高度水池，又在雞冠山設有低度水池，并備大小水船三艘，拖船一艘，逐日輸運水量抽送入池，以供全鼓居民之用，本市淪陷後，所有建設被敵破壞，水船即被炸沉，本市光復之初，曾由市府接收歸水電整理處辦理，嗣經該公司辦事董事向市府領回，仍歸商辦，復業以來，收拾殘灰，慘澹經營，一切建設漸漸恢復，被炸沉之水船亦正在進行打撈中，又該公司於太古碼頭及公司門前堤岸各設輪船供水站，數千噸之輪船均可靠岸抽水，甚爲便利，該公司營業部有普通用戶二九八九，特別三二，輪船戶七三，代售戶五四，共計三一四八戶，現價每加侖二元云。

六・農業

戰事改變他們懶作惡習　荒地廣墾農產比昔倍增

一・概述

本市爲通商口岸之一，故市民多偏重商務，疎於農事，遂將肥沃之禾山農地，淡漠廢置。淪陷後因與內陸交通斷絕，內地農產品不能供應，頓使物資奇缺，貨價昂騰，禾山農民，是以對諸農事生產，轉趨努力，戰前荒蕪田園以及未墾荒地，相繼拓開，農物產量，較之戰前突增一倍有餘，惟彼時該區農戶僅有八千八百餘戶，出產之稻谷、蕃薯、蔬菜、大小麥，除自供外，銷售市區者數至有限。

二・農民生活

禾山一區，旅外華僑爲數至多，故農民形雖堅樸，惟對生產未甚注重，厥故則爲有僑匯用以挹注也。戰亂已張，僑匯斷絕，居民生活，頓生恐慌，昔日荒田，於焉重墾，且多於耕種之外，飼養家畜家禽。從事農事者既衆，一般佃農，則因業主收回田地，難以立足，而紛紛改業，或潛奔內陸。是以在戰前原有五萬餘人口之禾山，彼時僅剩二萬餘人，目下僑匯已通，該區居民生活，更呈優裕活躍。

∴漁業

捕魚區遠及澎湖台灣 生產率佔市各業之冠

一・概況

本市四面環海，爲優良之漁場，戰前漁船達五百餘艘，捕魚境域，常在東碇、北碇、烏龜嶼以及白犬洋海面之間，一級之釣艚（三十噸以上），且遠及澎湖與台灣等地，產量年值千萬元以上，佔全島生產之冠。所缺憾者卽爲固守舊法，產率未見長足進步。然之於淪敵期間，備受敵僞摧殘、破壞，損失之鉅，達百之四十。收復初期，漁困漸蘇，漁獲物雖比失陷時增加，然較戰前之比數，卽尙減少一倍。迨至目下，有新造漁船十數號；經已先後下海捕魚，供銷本市之漁產，今已有鉅宗銷運外地矣。

本島漁村，原有廈門港、何厝、尾頭社之分，唯何厝與尾頭社兩村漁民，卽以牡蠣（卽蠔）、蟶生產爲大宗，而魚鮮卽甚少數，在何厝社，社民均漁而兼農，而尾頭社社民卽兼販鹹花生，酸菜等，只廈門港漁民，較爲專門而有傳統關係、漁民以全年分爲三漁季，春季係自古歷正月初十起至五月中旬止。夏季係自五月下旬起至九月中旬止，冬季自九月中旬以至年終，春季多白魚，次爲勒魚、狗母、馬加，夏季柔魚與昌魚爲最，魴魚次之，冬季卽多產黃花魚、鮫蚋、沙魚、鰻魚，本島出產魚類，細別約有下列各種：

1 黃花魚類：黃花魚，黃梔仔魚，鮸。
2 鯊魚類：龍門鯊，狗母，帶魴。
3 馬鮫魚類：青鮫，扁鮫，鮫蚋，魬。
4 昌魚類：白昌，黑昌，黃鱲。
5 鰻魚類：鰻，鱸鰻，土龍，鱓，成魚。
6 鏈魚類：鏈魚，鱸魚，鯽魚，勒魚。
7 白魚類：白魚，白帶魚，瀨洒魚。
8 柔魚類：柔魚，章魚，烏賊，鰛。
9 甲殼類：蟳，蠔，蟶，竹蟶，蛤，鱟，毛蟹，螺。
10 蝦類：龍蝦，紅蝦，白蝦，沙蝦，狗蝦。
11 幼魚類：文昌魚，塌目姑魚，赤久魚，江魚仔，絲定魚，比目魚。
12 海菜類：紫菜，海苔，石花菜。

現在漁民販賣魚鮮，其辦法已改偽政府時代璦瑯式之高聲唱價制度，係由漁民將起陸之魚，隨意交與魚行脫售，然後由魚行抽出售款百分之五（魚行公會規定為百分之七），以作佣金，每屆漁季結束，人事形將更動，漁民乃向魚行結算本季賬目，所得利潤，除扣還福食費而外，餘款即視人額平均分成份數，船夥各人得一份，舢舨（船主）得一份，船與漁具消耗得三份半。

廈門特產魚類，有文昌魚、江魚仔、柔魚等三種，文昌魚產於五通港至澳頭之間，色白如銀絲，體類鰻魚　長可二三寸，為世界罕見之物。江魚仔產於篔簹港，色潔味美，亦為本港特有產物，柔魚日本雖有大宗出產，唯不如本港風味佳美、生脆，是故廈門魚類，在國際史頁上獲有相當地位。又篔簹港江魚無鰾，相傳獲食帝王之肉，始而致此，亦奇聞之一。

二、歷年漁民人數

在廈港一隅漁民，戰前悉賴海而生活者，有五千餘人之衆，二十七年廈門為敵竊佔、海洋不靖，漁船輒有觸雷沉沒者，致使漁者離漁。一方航船復被敵偽強迫賤賣，欲漁不能，民不堪命，內逃者有之，改行者有之，餓斃者有之，至民三十年，摸索於茫茫大海之間而半飢不飽之漁民，僅剩戰前之半，其數字如下：

	漁民			漁民家屬				合		
		女	小計	男	女	幼童	小計	男	女	小計
廿六年	一三〇〇	一一九〇	二五一〇	八九八	六四二	一〇三九	二五四二	二一七八	一八三五	五〇二〇
三十年	六一五	八三七	一五一二	四二一	四三五	六一四	一四七〇	一〇三六	一二七二	二九八二
卅五年	一一六七	一〇三五	二二〇二	八四〇	六二四	一〇〇九	二四七三	二九〇七	一六五九	四六〇二

三，漁船

	二十六年	三十年	三十五年
大型釣艚	五二	一七	二
二級釣艚	六〇	五五	三九
三級釣艚	一五〇	一二〇	八七
四級釣艚	二五〇	二〇〇	一〇七
網艚	二〇	一五	四
小網船	二五	一〇	八
牽蝦船	四〇	二〇	五
總計	五九七	四三七	二五二

四，漁獲物

	二十六年		三十年		三十五年	
	產量(市担)	每担價格(元)	產量(市担)	每担價格(元)	產量(市担)	每担價格(元)
白魚	七六六〇〇	七・五	三三三〇〇	一・五〇〇	三八三〇〇	三八，〇〇〇

魚類	一	二	三	四	五	六
昌魚	五二六○○	一五，○	二一三○○	二，六○○	二七三○○	六○，○○○
魬魚	三五一○○	三八，○	一二五○○	四，八○○	一七六○○	九○，○○○
江魚仔	四○○○○	五，○	一六○○○	二，○○○	二○○○○	四○，○○○
勒魚	六○○○	一八，○	二四○○	三，二○○	三二○○	三八，○○○
黃花魚	二一八○○	四八，○	一○九○○	三，四○○	一二五○○	七二，○○○
魴魚	一六○○	八，○	一二○○	二，五○○	一五○○	四二，○○○
柔魚	一○二○○	一二，○	四一○○	二，四○○	五○○○	六四，○○○
蝦	五○○	四○，○	二六○	五，二○○	三二○	八○，○○○
成魚	一三八○○	八，○	六三○○	二，四○○	六五○○	四四，○○○
周魚	一○二○○	四八，○	四六○○	四八，○○○	五○○	八四，○○○
什魚	二七三○○	二○，○	一○六五○	三，二○○	四一○○○	六四，○○○
總計	一二九六七○○		一二三五一○		一五二二一○	

五，魚行

商號	負責人	住址	電話
協德	楊能才	沙坡尾魚市場	
協發	阮水生	仝上	六一一號
協和	高晉福	仝上	
青海	王汝仁	仝上	
勃海	黃義	仝上	
海利	阮潤榮	仝上	
和發	柯宗漢	仝上	
裕興	駱大榜	仝上	
振興	阮泉笙	仝上	
和記	王雨落	仝上	
大成	鄭添丁	仝上	
順隆	阮順運	仝上	

協裕 駱木仁 仝上
源記 張壽發 仝上
瑞慶 陳瑞慶 仝上
一〇〇八
源成 莊朝珠 仝上
發記 黃馬發 仝上
復裕 黃金牆 仝上
金長興 謝榮宗 仝上
助記 龍世傑 仝上
興財 柯友鵬 仝上
聯順 駱文蝦 仝上
兩記 黃烏宙 仝上
隆盛 張良伴 仝上

∴交通

近扼閩南內地咽喉，遠通外洋各埠，交通便利，百業繁榮實賴於此。

清末廈門市區隘陋，街路狹隘，店屋參差，民元以後，主政者鑒於四面環海，港灣蜿蜒，列島扶拱，港內水深二十公尺有奇，潮落時亦有十餘公尺，巨輪隨時可以入泊，近扼閩南內地咽喉，毗排漳泉，遠通外洋各埠，實東南沿海貿易良港，且係華僑出入必經之門戶。故彷傚先進國家，圖謀發展交通建設，遂倡闢馬路，興建市區。時適南洋土產價佳，匯水升漲，華僑利用時宜，多匯款來廈，投資土地，一面金融業巧運其經營方法，轉爲土地建設之貸放，或以不動產爲抵押；一時社會金融頗呈活潑，政府亦睹時機難逢，益拓新區，於是交通更具雛形。市內道路之縱橫，建築之鑿然，交通有今日之便者，實自民國十四年市政改建始。但以抗戰軍興，陷敵八年，敵僞以榨取民脂不事修建，致今廈鼓路面損壞極重。際茲復員伊始，百政待舉，經費頗見羞澀，故交通尚未能恢復舊觀。期不久之將來，能與修建焉。茲將本市交通事業分述如下：

一。陸上交通

廈門市區面積約五、四平方公里，對岸爲鼓浪嶼，面積約二、二平方公里，此外統稱禾山。市內馬路支幹計五十餘段，總長共十六公里，環島公路貫通全市，以江頭爲中心，東至高崎，西達白石頭要塞砲台，南聯廈市廈木幹路，北串五通；其他支綫，畢道均聯接一氣。淪陷期間，敵僞爲便利軍輸，并將廈木幹綫截直加闊，陸路對外交通原有鉄道通漳州，公路有漳嵩、漳浮兩路，各經石美、石碼達漳州，福汞廈公路通同安、泉州，而達福州，中

漳廈鐵路停車已久，其餘各公路均在抗戰期間破壞無遺，至今尚未修復。市內及市外之交通爲公共汽車，市區以人力車，脚踏車爲主。現人力車已奉令逐漸淘汰，訂卅六年四月以前停止使用，故有三輪車新興焉。

甲，市路（公尺）

路名	起訖地點	全綫長度	路面寬度	路面材料
開元路	水警碼頭—浮嶼角	八〇六	九，一	凝土
開禾路	開元路—廈禾路	三七一	仝	半凝土半土
開平路	仝	仝	仝	凝土
古營路	開禾路—開元路	仝	仝	柏油
廈禾路西段	鷺江道—思明北路	五六二	一二，二	凝土
廈木路中段	思明北路—斗阿尾	一〇〇二	一五，二	仝
廈禾路東段	斗阿尾—後江埭	一四三三	仝	仝
外王路	大王塚新區—外海灘	仝	七，三	土路
小學路	新墳地—浮嶼	一四四	九，一	仝
角尾路	浮嶼角—斗阿尾堤岸內	一〇〇二	七，三	凝土
質當路	浮嶼角—斗阿尾沿堤岸	仝	一二，二	土路

大王塚區內馬路	同	同		
外海灘馬路	同	同	同	同
內海灘馬路	同	同	同	同
禾園路	公園北路—廈禾路	一七一	六、一	凝土
斗西路	斗涵—公園西路	二七六	九、一	同
涵洞路	斗涵—洞賢宮	一三七	同	土路
洪爐埕路	洪爐埕—公園西路	八二	六、一	凝土
吳豪路	溪岸路—廈禾路	同	九、一	同
溪岸路	功德寺—東嶽廟	一八八	同	同
美仁路	第二市場—四周路	三四〇	六、一	土路
安居路	武廟—樂俗路	二〇七	同	凝土
爭治路	深田內—深田外	五一四	同	土路
樂俗路	蓼花溪—白鶴嶺	四四七	九、一	同
蓼花路	公園東路—萬壽宮	一一二	六、一	同
橫範村馬路	全村幹路支路	一九三〇	同	凝土
後江埭馬路	全段幹路支路	一九四六	九、一	土路
厚生路	後江埭—將軍祠	三三四	一二、二	同
白鶴嶺新區路		同	六、一	同
妙釋寺新區路		二八六	同	同
芳華路	公園西路—東嶽廟	九一	九、一	同

公園東路	破布山—美仁宮	八八二	八、五	柏油
公園西路	寵仔底—溪岸路	五四七	六、一	同
公園南路	司令部—破布山	四五六	一二、八	凝土
公園北路	洞賢廟—功德寺	四六二	九、一	土路
鹿園路	破布山南部新區內	八二一	二一、三	土路
虎園路	公園南路—虎溪岩	同	同	柏油
雙十路	公園南路—義學口	一三二八	一二、二	土路
民國路東段	司令部—靖山頭	三八四	九、一	凝土
民國路西段	司令部—西門	二四〇	一〇、九	同
古城路西段	西門—南門	三一九	六、一	土路
古城路東段	南門—東門	二二六	同	同
故宮路	西門口—廈禾路	四三八	同	同
中華路	司令部—橋亭	二二五	一五、二	洋灰加黑油
中山路	橋亭—輪渡碼頭	八九三	同	同
思明東路	西門口—甕菜河	三八〇	一〇、九	凝路
思明西路上段	甕菜河—局口街	七六	同	同
思明西路下段	局口街—大走馬路	同	同	柏油
思明南路	甕菜河—蜂巢山路	一七三三	一二、八	凝路
思明北路	甕菜河—廈禾路	五二四	同	同
舊思明北路	打索埕—廈禾路	同	九、一	土路

交通

東海路	思明東路—內海灘	二七四	同	凝土
大同路	西門口—鷺江道	一〇九四	同	洋灰加黑油
大元路	大同路—開元路	一〇五	六、一	凝土
横竹路	大同路—開元路	一〇二	九、一	同
鎮邦路	中山路—大同路	三〇三	同	同
大中路	中山路　昇平路	三七五	同	半柏油半土
昇平路	大中路—海後路	三〇七	同	同
泰安路	港仔口—大走馬路	六五	八、五	土路
人和路	海後路—横竹路	同	九、一	同
海後路	中山路—磁街路頭	三八三	同	凝土
磁安路	磁街路頭—典寶路頭	一〇八	六、一	同
洪本部路	鷺江道—洪本部	四九	同	同
扭水巷路	廈禾路—鷺江道	同	同	柏油
晨光路	島美路頭—同文路	八〇三	九、一	凝土
太山路	太山口—青龍宮	一〇六	六、一	同
釣巷路	太山路—晨光路	七一	同	土路
大使路	大使宮—義和街	二四三	九、一	凝土
定安路	中山路—小走馬路	八五	六、一	柏油和凝土
太平路	小走馬路—圖書館	二二八	九、一	凝土
局口路	大使宮　中山路	五八	六、一	同

破布山新區路	同	四五〇	同	土路
盾大人新區路	同	同	同	同
虎頭山新區路	同	三六五	同	同
麒麟山新區路	同	一九七六	同	柏和凝土
虎頭山路	灰窰角—海蛋寺	二八五	九、一	凝土
同文路	晨光路—虎頭山路	同	同	柏油和凝土
晨鐘路	雙十路—醫院路	同	同	土路
馨園路	雙十路—同文路	六四	六、一	同
鎗山路	海蛋寺—碧山路	三四二	九、一	同
民族路	碧山路—電光公司前	同	同	同
民權路	同	四二三	同	同
民生路	打石市—料船頭	四二六	同	柏油
壽彭路	壽山—彭公祠	二二八	同	土路
碧山路	太師墓—打石市	三八〇	同	柏油
壽山路	鎮南關—海蛋寺	二八四	同	同
廈港市場邊路	碧山路邊	同	同	土路
大學路	料船頭—廈門大學	七一三	同	同
南普陀路	廈門大學—南普陀	八八二	六、一	同
蜂巢山路	思明南路—大學路	一一二五	九、一	同
鷺江道一段	舊路頭—郵政路口	七三〇	一五、二	柏油

焦山路	龍船墘	一三七	同	土路
金山路	同	同	同	同
縲浮路	同	二五五	同	同
海滄路	同	同	同	同
美頭山東部區路	同	五四七	同	同

乙，汽車

子，公共汽車

本市公共汽車爲廈禾汽車公司所有，戰前原有車廿二輛，因淪陷期間損失，現僅存大車四輛，小車一輛。現在行駛者有江頭、高崎、五通、何厝四綫，南普陀綫須逢節日方出行駛，價每站一百元。

廈禾汽車行駛時間如下：

江頭綫（上午七時半、八時、九時、十時、十一時、下午一時、二時、三時、四時、五時）

浮嶼車站－美仁宮－文灶－雙涵－蓮坂－呂厝－江頭

高崎線（上午八時、下午二時）

江頭線－薛嶺－方湖－尾兜－飛機場－埔仔－高崎

五通線（上午七時半、下午三時）

江頭線－薛站－後坑－橋頭－高林－田頭－五通

何厝線（上午九時、下午四時）

江頭線－後埔－張厝－洪山柄－石村－崙兜－何厝

（南普陀線以五站計算）

丑，特別汽車

特別汽車係供顧客包租之用，價格定市區單程（包括南普陀）八千元，往回一萬五千元，至禾山江頭社一萬元，至飛機場單程二萬五千元，往回四萬元，若以時間算價則每小時二萬五千元，候車時間每小時二萬元。此業戰前甚盛，數達二十左右家，今僅有下列數家：

商號	負責人	住址	電話
士達汽車公司	許嘉隆	思明北路一五〇	八四九

公司	負責人	住址	電話
東南汽車公司	張　元	廈禾路九三	一〇八六
飛龍汽車公司	鄭康泰	中山路	
廈門汽車公司	傅若龍	廈禾路二一二	
順安汽車公司	陳振煜	廈禾路二一四	四九二
太原汽車公司		鷺江道	

（以上各公司兼營租車部僅士達與東南二家，廈門公司專營貨車，太原則僅車輛販賣）

丙，人力車

本市戰前原有人力車一千三百輛，而今所有不過五百五十輛。以至人浮於車，現人力車工會規定一人一車，故該會會員亦僅五百五十人，所餘無入會者則向入會會員每日轉賃片時，藉維生活。廈市現有人力車東卅二家，車輛租與車夫，每日租金計分甲等一千六百元，乙等一千三百元　丙等一千〇五十元，丁等八百五十元。日下車夫收入甚豐，一二萬元並非難得，無奈操此業者多好賭，致有每日之車租亦無法交納者。人力車前市府曾評定價格，每站五十元，如輪渡碼頭至市府（中分天仙旅社及橋亭街共三站）計一百九十元，近以物價稍漲，此程車資索價多在五百元以上。際茲物價漲落莫定之時，代價實難確定，是以雇車之前雙方議明爲妥。否則爭執時起，殊非幸事。現人力車商計有：

商號	負責人	住址	電話
和發	陳良悌	禾泰街三〇	
泰興	宋錫才	廈禾路一一七	
合和	劉　旺	廈禾路二〇七	
蔡記	蔡加福	扒水巷三五	
松記	陳如松	禾祥街六一	
文記	莊文興	禾祥街五一	
新順興	陳阿小	廈禾路一八〇	
萬興	蔡阿梨	禾祥街五〇	
新裕興	吳阿木	禾祥街三四	
成記	成長水	廈禾路七〇	
蕭成記	蕭成良	禾祥街一四七	
富記	蕭成富	禾祥街五九	
新協興	歐　桃	思明南路一二六	
寶善	陳子善	廈禾路九二	
三民	白萬水	周寶巷二〇	
勝發	郭金龍	禾祥街一八四	

商號	負責人	住址
三合興	黃立治	廈禾路八七
海記	王通甫	廈禾二〇三
洪記	洪清泉	溪岸路四三
福記	楊金福	禾祥街一六〇
合成	陳托	禾祥街一四二
順興	朱四	禾祥街一五四
林順記	林順爐	角尾路三六
錦記	林錦祥	角尾路三六
猛進	王萬成	民國路四九
同興	胡林海	廈禾路六四
榮記	許阿榮	禾祥街一一三
清記	陳乙池	溪岸路一二六
安記	陳珠圓	禾祥街九四
聯記	劉聯溪	禾祥街一六〇
鵬記	林炳森	禾祥街一五一
仁記	許楊氏銀	禾祥街一一二

丁、三輪車

人力車既有明令於卅六年四月以前禁止使用，即有華僑集資組織廈門交通公司於鷺江道，現已由新加坡購來三輪車百餘輛試行使用。人力車如逐漸淘汰，三輪車數目自然增多，而人力車行亦將改營三輪車。三輪車係將一船形車座附連於腳踏車之旁，嬌小美觀，行動亦頗靈敏，交通公司之租與車夫，每日租金四千元，車夫每日除將此數交回車主，所餘比人力車夫尤豐，故人力車夫如能使用腳踏車者，均樂於改業也。現搭乘三輪車雖比人力車稍貴，日後如三輪車增多，不難廉於人力車。

戊、腳踏車

腳踏車輕便快捷，中等人家均備有之。腳踏車商除販賣及修理外，多備有供人租用者，每小時約千元以上，整日長租者以六小時計算。

腳踏車商負責人及地址：

商號	負責人	住址	電話
復輪	李振興	思明南路	
代步	許存仁	思明南路三〇七	
青白	郭高聲	開元路一二七	
勝廈	白超羣	思明東路一三九	
勝輪	吳文來	禾祥街一七〇	

沅興	吳塔水	禾祥街一一三
和發	江啓倪	禾泰街三〇
林堂		廈禾路一六
福記	林憨福	大學路
福輪	江有才	思明北路一二一
勇輪	陳天來	思明北路一三七
忠輪	莊忠和	大同路一七四
同盟	葉坤山	禾祥街一八三
士達	許嘉隆	思明北路一五〇
東南		思明北路
中印車行	洪俊傑	思明北路一八一
福建自轉車部	陳五和	廈禾路一六八

二・海上交通

甲，廈鼓交通

廈島與鼓浪嶼對立海中，前者市肆繁鬧爲商業區，後者環境幽美爲住宅，故廈鼓交通繁忙。因地隔一衣帶水，其交通工具因賴輪渡與民船（雙槳）。本市光復之際，輪渡原受市府接收，隸屬工務局輪渡管理處。於卅五年春招商投標承辦，萬興行以每月七十七萬元中標，自承辦後，日以三輪穿梭對航，民船頗受打擊，是故暴動鑿沉輪渡，瞬即調停解決，萬興行於卅五年秋約滿，交還市府重標。本市民船工會爲維護會員利益，故由會員認股集資合組永泰行，以三百一十萬中標。

現輪渡有輪五艘，但常川來往爲二艘，黃昏客多或增一艘，入夜則剩一輪獨航。其航行時間爲上午七時至下午十一時半。票資每程七十元，公職人員得優待半價，後因市府爲以輪渡候輪浮船年久失修，爲籌款三千萬修建，故於每票外加收輪渡修築費三十元。至民船於光復之初不過百艘，現已恢復舊觀，各碼頭共有大小五六百艘，除對輪船儎運客貨外，對廈鼓交通其航行無時間之限定。此種民船（雙槳）每艘限載六人，廈門之媽祖宮碼頭與鼓浪嶼之龍頭碼頭，水仙宮與黃家渡頭每程專載收費五百元，合伴者每名一百元，貨物行李另貼。此外各碼頭之來往價目不定，需於事前議明也。

乙，內港交通

本市與漳泉各屬交通利便，除運載笨重貨物之帆船外，兼載客貨之汽船有四五十艘，按時對開，通行無阻，北至同安，水程約三十公里，南至南太武約十餘公里，東至金門島三十餘公里，西至漳州約六十公里。票價時變，其航行內港各輪如下：

船名	所有人姓名	總噸數	登記噸數	乘客人額	航行路線
漳龍	漳龍公司	一六、三〇	七、六六	五六	廈門漳州
新漳美	于三揚	一九、四五	八、六二	五六	同
金陵	張吳英	二五、七一	一三、〇八	七六	同
國光	于恩鴻	三〇、二二	一八、七五	九八	同
捷通	于三揚	一九、九九	一〇、七五	六六	同
德鴻	林進德	三七、二〇	二三、二〇	一二六	同
九龍江	朱天賜	二〇、五〇	一二、〇〇	一〇〇	同
江甯	洪可庭	二八·六八	一七、三〇	一〇〇	同
漳嵩	漳嵩公司	二六、四九	一六、二一	一九〇	同
星僑	福興公司	一八、九〇	七、六九	七五	同
勝利	王季澄	一七、三二	七、一二	五五	同
信通	蘇華山	二八、三五	一四、五三	七六	同
青年甲	漳服務社	二一、五〇	七	七〇	同
民安	利民公司	三一、八〇	八、〇八	八〇	同
漳江	張文華	三〇、〇〇	一七、〇〇	七〇	同

金再興	陳建都	二〇、〇〇〇	一二、三〇〇	一二〇	廈門石碼
金再發	陳建都	三一、三八	一五、六八	九六	同
漳廈	漳嵩公司	三五、二一	二五、一四	九六	同
魚雷	非水生	二七、一四	一二、九五	八四	同
中美	錦昌公司	一八、〇八	一一、五三	四五	廈門石美
中南	閩大公司	九、二四	三、七五	二五	同
閩光	閩光行	一四、一二	四、五〇	二五	同
重慶	張吳英	一三、八二	五、六九	三〇	廈門前場
聯興	林金滄	一三、一六	五、三八	四四	廈門白水營
金華	林正華	二八、四三	一四、一五	七〇	同
中和	錦昌公司	一八、五五	九、六六	六〇	廈門海滄
同順	鄧敬德	二二、五六	九、二四	七〇	廈門金門
潁洲	潁和公司	二八、〇〇	一三、五〇	九〇	廈門同安
安平	太平公司	四一、五七	二三、〇〇	一一二	同
民生	聯成公司	八、一二	三、二五	二六	廈門集美
海利	余炎佳	三九、二〇	二三、八〇	九五	廈門唐厝巷
錦興	錦豐船行	一、二〇	八〇	三五〇	廈門安海
中央	錦昌公司	二九、七六	一二、四五	一五〇	同
凱旋	閩通公司	五四、四五	二三、二七	一二〇	同
凱歌	閩通公司	一〇四、七八	八三、〇八	一六〇	同

凱星	福迪公司	五五、八四	三〇、三一	二六二	同
大通	漳浮公司	五七、六〇	一四、七〇	一〇〇	同
慶和	慶和公司	四〇、三〇	二〇、八八	九〇	同
天一	天一公司	三九、〇六	二四、四六	一〇〇	同
鎭安	鎭安公司	四六、二	一九、九四	一〇〇	同
太平	聯華公司		一四、〇〇	八〇	同
飛龍	華僑公司	一〇五	四六	二〇〇	廈門泉州
飛鳳	華僑公司	一〇五	四六	二〇〇	同
華青	林涵秋	二六、六八	一四、七六	八五	石碼安海
聯安	林金滄	三〇、一六	一三、八〇	八七	同
海通	洪國慶	四九、二三	三〇、八七	一〇〇	同

其中飛龍、飛鳳時或兼航外港如三江口、福州、基隆等港。此外，近有菲律濱與新加坡之華僑合組建安船務公司，集資五億萬，向英國訂購鐵殼快輪，長三六五尺，載重三六〇噸，載客四二四名，吃水五尺，速率每時十三海里，燃料係用柴油。至安海僅需二小時，近將加入航行。

丙，海航

廈門介於港滬之間，又兼五口通商之一，故各國輪船出入頻繁。數十年來，川走南北航路之輪船，係操於六和公司之手。所謂六和公司者，則太古、渣甸、和豐、謙利、永茂生、德忌利士六家。戰事發生，洋輪被召返國，海航頓澀。抗戰勝利，本市海航復通，除外輪復航外，國營招商局增輪極多，國人或華僑亦多鳩資從事交通事業，故本市與外港交通頗感利便。茲將航行本市外港間之輪船及其所有公司或代理商列下：

公司名稱	船名	總噸數	公司負責人	住址	備考
太古	安徽	三四九三、九三		鷺江道三號	英籍船舶
	湖北	二八〇〇、〇〇			
	北海	一六七五、〇〇			
	牛莊	二四九二、〇〇			
	福州	三三七八、二三			
	福建	三三七八、〇〇			
	新疆	三〇一九、九六			
	漢陽	二八七六、四二			
德忌利士	海陽	二三四三、四九		大同路五〇一號	
	愛拿	二二七四、〇〇			
	恆生	三五三八、九五			
渣華公司	芝巴德	七八〇三、二二		海後路四六號	荷籍船舶
	萬福士	四五五一、五三			
	芝渣連加	一〇九七二、一〇			
	芝沙丹尼	九二二八、一二			
馬尼珍馬	瑪丹	二〇九〇、一一			菲籍船舶
國營招商局	海滇	一五〇〇、〇〇	陳士金	海後路七號	中國
	增德	一八七二、八〇			

交通

公司	船名	噸位	地址	國籍
	漢民	一八七二、八〇		
	延闓	一八七三、八〇		
	鄧鏗	一八七二、八〇		
	海閩	二六六七、〇〇		
	中103號	三三二六、六四		
	仁泰	三二四、〇〇		
	林森	一八七二、八〇		
	台北	六九〇三、〇三		
	海廈	三三二九、二九		
	仲凱	一八七二、八〇		
	海川	二七八〇、七二		
	海湘	二六七二、七六		
	海杭	一三三七、八二		
舟山公司	舟山	一二二九、六九		
英杭杭業股份有限公司	英杭	三四七、三六	海後路五一號	中國
上海實業公司	海明	二〇三、九八		
中興輪船公司	啓興	三三五〇、五〇		
華僑航業公司	神農	一三〇〇、〇〇	葉采眞 鷺江道	
亞細亞公司	福光	淨[illegible]七九二、〇〇	嵩嶼	英籍船舶

中聯企業公司	中聯	一六六七、六八			中國
新合美公司代理	宿務	九〇八、九〇			菲籍船舶
太平航業公司	太興	一三〇九、六七	黃長江	昇平路六一號	中國
	大北	二六〇、五二			
	太平	二四九三、〇〇			
泰利公司	鷺江	四二〇、二二	王鼎坤		
申源輪船行	鳳盈	二五七、七五			
廣東實業公司	峨嵋	八八六、一三			
和興船務公司	興隆	一四四八、五七			挪威船舶
和豐公司	豐慶	六一六七、〇〇	陳金滄	海後路二四號	英國船舶
	豐祥	三七〇三、三三			
聯通公司	捷利	九七三、七九			
黎拉喃瑪船公司	榮旋	三六七九、〇〇			菲籍船舶
益祥輪船公司	福民	一八九二、五四			中國
美國總統輪船公司	海飛	一〇七八〇、一七			美國船舶
救濟總署水運處	萬宏	二〇三七、〇〇		鷺江道四四號	中國
	樂怡	一七六五、〇〇			
	牡丹	五〇七、〇〇			
亞細亞公司	基甲斯大	二五九〇、〇五		嵩嶼	英國船舶
	西龍	二五八七、九八			

廣東實業公司	沙班	一八六四、一一		挪威船舶
潮安輪船公司	潮安	二九二二、〇一		
聯通公司	裕利嘉	四六八三、一五	海後路二四號	英國船舶
美西輪船公司	美華	五二一、一二		中國
洪瀛波代表	久安	二五四、六〇		
福安輪船行	風盛	二七九、七七		
興南船務公司	鴻江	二三六、九三		
海運聯營處	華安	三一八、八三		
台灣航業有限公司	台東	二二四四、七八		
永福公司代理	廈利南	一九三一、〇〇		挪威船舶
帆尼拉船務行	馬容	二九一七、〇〇		菲籍船舶
通安行代理	德士域樂	三八〇五、〇〇		
南通船務公司代理	呂宋	淨噸四四三、〇〇		
陳其風	泰順	二二三、八七	陳其風 鷺江道一二八號	中國

三・航空

空路航經本市者有中央航空公司　昇平路二三號，電話四九號），中國航空公司　同安路七號，電話三五四號）兩公司。現與本市直接通航者有上海、廣州、福州、香港、菲律濱等埠。廈台線（廈門至台灣）期能通航於不久之後。現各綫票價及行李除別開門徑另有通例外，其公開規定如下：

至菲律濱五十八萬六千元，行李限廿五公斤，過重一公斤加五千八百六十元。

至上海十四萬二千五百元，行李限十五公斤，過重一公斤加二千二百八十元。

至廣州九萬二千五百元，行李限十五公斤，過重一公斤加八百五十元。

至香港十一萬二千五百元，行李限廿五公斤，過重一公斤加一千二百八十元。

至福州三萬五千元，行李限廿五公斤，過重一公斤加一千二百八十元。

中央航空公司對上述通航各線各日均有班機往回。中國航空公司之班期規定：星期一，由滬經厦轉港至菲，星期二，由菲返厦再飛滬，由滬至榕轉航，經粵轉港，由港經粵厦榕至滬，星期三，由滬經榕至厦，又至台灣，星期四，無機，星期五，由滬經厦經港至菲，由滬經榕、厦、粵、港，由港粵經厦、榕至滬，星期六，由菲直飛來厦轉至滬，星期日，無機。

四、郵務

本市因交通便利，郵遞日趨迅速，且空航取消從前之郵件限制，更使郵遞簡捷。市內由交通部置有厦門一等郵局於海後路五十二號（見插圖），電話一〇四號。又分第一支局於鼓浪嶼龍頭路，電話一九〇號，第二支局於厦門思明北路，電話五十五號。

各種郵件資費規定：

資費種類		計費標準	資費	
			國內	聯郵各國
普	信函類	每起重二十公分或其畸零之數	一百元	三百元
		每續重二十公分或其畸零之數	一百元	二百元

通資費			
明信片	單	五十元	二百元
	雙（即附有回片者）	一百元	四百元
新聞紙	第一類（平常）每束一張或數張	每重五十公分十元	每重五十公分六十元
	第二類（立券）每束一張或數張按每次交寄總重計算	每重五十公分十元按六折收費	
	第三類（總包）每份每重一百公分或其畸零之數	二元	
書籍印刷物貿易契類等	每重一百公分或其畸零之數（重至二公斤為限惟單方寄遞之書籍以三公斤為限）	三十元	每重五十公分六十元惟貿易契每件郵費至少以三百元起算
貨樣	每重一百公分或其畸零之數（重至五百公分為限）	七十元	每重五十公分六十元每件郵費至少以一百二十元起算
小包郵件及包裹		請向郵局查詢	請向郵局查詢

特種資費						其他資費	
掛號函件	快遞掛號函件	平快函件	航空郵件			回執	查詢或索取回執
			信函、新聞紙、印刷物、貿易契、貨樣、小包郵件等類	明信片			
每件除普通資費外另加	每件除普通資費外另加	每件除普通資費外另加	除照付普通資費外，每重二十公分或其畸零之數，另加	照付普通資費外，另加		每件	每件
				單	雙		
一百五十元	二百五十元	一百元	一百五十元	一百五十元	三百元	一百五十元	三百元
四百五十元	一千一百元	六百五十元	寄往外洋各國之航空郵件其航空資費可向各地郵局詢問			三百五十元	四百五十元

附註：香港澳門信函明信片照國內資費，除照聯郵各國資費。

香港不收平快函件。

其他詳細情形可向郵局或支局查詢。

五・電信

廈門電信局（即前廈門電報局見插圖），於卅四年十月三日廈市光復時接收敵偽之廈門電氣通信公司無綫電機，恢復通信。現無綫電直達通報者，計國際電路有：一，廈門馬尼拉電路。二，廈門香港電路（即將開放）。國內電路有：一、廈門上海電路。二，廈門福州電路。三，廈門台北電路。四，廈門晉江電路。九，廈門廣州電路。六，廈門汕頭電路。此廈門福州及廈門晉江間，并開放特快電報（照加急電報收費，每電另加特快專送費二千元，限時到達）。又廈門上海間不久亦可開放特快電報。

至有線電路因淪陷時，接通內地之水線均遭破壞。現鼓浪嶼至嵩嶼之水線已無法再用，僅高崎至集美間已由該局修通二心水線及十心水線各一條。一俟陸線接通後，有線電報及長途電話即可恢復。

國內電報價目表 民國卅五年十一月一日起實行

電報種類	文語別	每字價目（國幣）元	備註
官軍電	華文	一〇〇	按照修正官軍電報限制收費劃一辦法規定辦理
	洋文	二〇〇	仝右
全價官電	華文	二〇〇	仝右
	洋文	四〇〇	仝右
尋常電	華文明語	二〇〇	
	華密或洋文	四〇〇	

	加急電		新聞電		加急新聞電	
	華文明語	華密或洋文	華文明語	洋文明語	華文明語	洋文明語
	四〇〇	八〇〇	五〇	一〇〇	二〇〇	四〇〇

附註：（一）去報譯費每字二十五元
（二）校對費TO無論尋常或加急均照該類電報尋常價目二分之一加收
（三）分送電報TMX每份不逾五十字加收抄費五百元逾此每五十字加收九百元不滿五十字時以五十字論分送二份TMX亦照二份收費
（四）送交電知PC照尋常電報價目加收六字報費一千二百元
（五）特快專送費仍收二千元（特快電報以一百字為限逾此不收譯費按每字加收廿五元）
（六）電報掛號費長期（一年）二萬五千元。短期（一月）二千五百元。
（七）預存報費每戶最低額四十萬元以後並規定每月發報多寡酌加

國際電報價目簡明表

DESTINTION	ORDINARY(PER WORD)	
	FRS	DOLLARS
ASIA		
HONGKONG		
CH LANGUAGE		400 00
FOREIGN LANGUAGE		800 00
BURMA	3.13	3445 00
FRENCH INDO-CHINA	1.94	2135 00
HAWAIIAN ISLANDS	3.00	3300 00
INDIA	1.94	2135 00
IRAN	2.79	3070 00
MALAY STATES	2.25	2475 00
NETHERLANDS INDIA	3.20	3520 00
PHILIPPINE ISLANDS	1.20	1320 00
SIAM	1.90	2090 00
AUSTRALASIA		
AUSTRALIA	3.625	3990 00
NEW ZEALAND	4.025	4430 00
EUROPE		
RUSSIA IN EUROPE	1.50	1650 00
ALL OTHER COUNTRIES	3.00	3300 00
AMERICA		
UNITED STATES	3.00	3300 00

附註：1.國幣價目係按照每一法郎折合國幣1100.00元計算）如折合率有變更時應比例增減）

2.加急電（D）照尋常電加倍收費

3.遲緩電（LC）照尋常電減半收費

4.書信電（NLT.DLT）照尋常電三分之一收費，每電以二十五字起碼

5.CDE 照尋常電十分之六收費，每電以五字起碼，電文每字以五字母爲限

六。電話

本市電話設備尙備叫號接綫，且話機不敷租與，接線未能稱便，實本市交通事業中之一瑕疵也。現廈門有一千五百號以上，鼓浪嶼有四百餘號，廈鼓間有海線接連。原亦有綫可達漳碼，現尙未見修復。深盼不久將來，本市電話交通能有一大刷新也。

電話公司設於大元路三十五號，營業部電話一〇〇號，經理室五〇號，修理部六〇號，電話號碼詢問處五〇〇號。鼓浪嶼即設於龍頭路郵局樓上，電話號碼詢問處一〇〇號。

∴康樂

癘疫時生，幸多衛生機構；講求保健須倡正當娛樂。

一・醫療機構

本市衛生事業，在戰前尙稱發達。開設於鼓浪嶼者，有博愛、救世兩醫院，規範既大，設備亦臻完善，市區有中山、海軍、保赤三醫院，一切施設，頗稱完備。唯以淪敵八載，橫遭敵僞蹂躪，各院醫藥設備，皆被搬運一空。光復以後，乃次第整理，經將僞組織時代廈門民國路之博愛醫院改爲市立醫院，嗣省府於卅五年六月間將南平省立第一醫院遷廈，原市立醫院，則因市政府財政拮据，歸併於省立醫院。至於雙十路之原中山醫院，即改名爲海軍醫院。至由市府經辦之衛生機構，有公園南路之市區衛生事務所與鼓博愛路之衛生事務所兩處。此外，尙有駐於虎園路之省防疫大隊工作隊，鷺江道海港檢疫所。共和路救濟院所辦之貧病診療所，鼓浪嶼永春路、鼓浪嶼醫院。竹樹腳之保赤醫院等。

二・醫藥調查

本市從事醫業之人員，計西醫師一百二十餘人，中醫師一百零人，綜此數字，不謂不多，唯已領得中央衛生署或省府證件而准予開業執照者，爲數無多。業藥者共有西藥商二十餘家，中藥商七十餘家，所售西藥品以外貨居多，本國製品則較遜色。

西醫師調查（限取有政府營業執照者）

姓名	科別	住址	電話
吳金聲	內科	同文路一號	
章茂林		思明西路	
周席豊		大同路	
		鼓龍頭街二三九	六三六號
陳五爵		竹樹脚保赤醫院	一〇五號
		鼓港仔後三〇	二一七號
何煥南		大同路二八六	二六八號
蔡世興		中山路二一八	
鄭春生		大中路五三	
林天佑		中山路三三	
黃信德		大同路五七	
施欽仁		思明東路四八	
蘇子卿		中山路四〇	
洪玉崐		大同路二〇	
陳維鈞		太平路二八	
黃照臨		思明南路四六七	
郭天南		中華路一九	
張光弼		思明東路二〇六	
葉全泰		中華路	
康濟舟		中山路博濟藥房	
陳天恩		昇平路壽安堂	
白天厚		厦港碧山路	
廖超照		鼓漳州路四六	一五〇號
林遵行		鼓安海路六七	三八三號
陳希佐		鼓復興路八六	二六六號
陳晉惠		鼓泉州路五二	三一三號
蘇讚恩		鼓中路三二	
劉壽祺		鼓中路一〇	
孫保威		鼓復興路二四	
杜尊恩		鼓中華路二〇	
黃禎德	外科	鼓泉州路四六	四二一號
方芝英	產科	思明東路五九	
許慶英		鼓泉州路五二	
周瑞華		鼓日興街三一	
李勵芳		鼓日興街	
林碧鳳		鼓安海路六七	
李淑珍		鼓泉州路一四	
葉友益		鼓中華路二四	

康樂

姓名	科別	住址
葉亮彩	產科	鼓中華路
張佩雲		鼓復興路八六
陳碧雲		鼓龍頭街二六二
葉得意		定安路三八
葉寶玉		定安路
許葆棟	眼科	鼓福建路五八
陳揚靖		思明東路四七
駱世才		鼓龍頭街二七
翁德修	花柳	局口街二號
陳希聖	耳鼻喉科	昇平路壽安堂

中醫師調查（包括已領開業執照與無照）

姓名	科別	住址	電話
陳慶雲	內科	思明北路聚慶春八二	
余少梅		橋亭萬嘏春藥鋪	
林冠玉		營平路四七	
黃谷本		鼓龍頭街平民藥鋪	
唐成善		定安路八號	
蔡節山		鼓海壇路四八（二樓）	
孫祿銘		文淵井一四	
林錫熙		靖山路一八	
高春澤		鼓龍頭街四四八	
陳章泉		斗西路二〇燕南堂	
王謙元		中山路安仁堂	
黃孫榮		深田路五八	
梁春城		大元路四四	
梁春榮		昇平路一號和濟堂	
唐壽民		大同路三七九	
何慶椿		鎮邦路回春參藥局	
楊輝煌		鉄局頂三三	
林萬明		大同路益生藥局	
王幼樑		仁安路六六	
李禮臣		開禾路四八	
許炳鈞		中山路壽生堂	
洪敦養		開元路五四	
陳一貴		麵線路七號	
林枝藩		中山路一二一	
甘天賜		定安路六六	
王維星		禾山江頭一七三信和堂	
黃清源		鼓市場路一〇三	
謝子玉		中華路五六	

方得雲　鼓龍頭路三二八
楊抱川　鼓龍頭路三六三
陳成宗　佑福路二〇
楊忠信　思明南路二八九
林寄庵　大元路二號
傅賡生　虎溪路中正廟邊
姚俊平　鼓龍頭路二九五
黃章甫　鼓龍頭路二四八
余迺恭　廈港太平橋古天藥局
鄭蓮友　鼓內厝澳六安齋
謝仰麒　中山路一一八
余太平　鼓福州路一五
黃思藻　鼓龍頭路二三四
徐亮欽　鼓內厝澳二八二
蟻農圃　鼓市場路三六
林孟春　開元路一四一
吳慕甫　禾山雙涵社二號
吳憲庭　開元路一四八（三樓）
陳天成　禾山江頭街一三
康明爵　廈港關刀河二號

蔣恭興　鹽溪街八六
林泗川　大中路九〇
鄭輔友　鼓永州路六安齋藥局
潘翀鶴　虎溪路中正廟邊
陳瑞昆　禾山江頭街一七
蔡文錦　禾山殿前保安堂
陳　通　定安路一四
陳日銘　禾山庵兜社雙鯉橋七七
林孝清　太平路三一
邱釗光　鼓福州路八六
鄭梅長　妙香路二五（三樓）
李榮藩　思明南路五〇〇
王國斌　開禾路八三
曾國藩　思明西路太和中藥局
蘇妙化　古營路二八
翁炳南
林學琛
陳伯華　水仙路元壽藥局
陳潤甫　打鉄街六九
王育材　河仔墘六〇（三樓）

康樂

劉維雄 禾山殿前濟德堂
劉關保 開元路一八四
王大明 大同路一六五
黃雨霖
洪　說 古營路三〇祟德藥局
連逢時 大中路五一
張明芳 妙釋寺路六號
林元藩 溪岸路八號
楊耀欽 故宮路二三
王子鴻 禾山江頭街一〇六
章侶超 禾山江頭街福安堂藥局
孫春生 大同路三四三
柯國平 禾山江頭街一四四
陳慶肇 養眞宮二二
林玉池 太平路三一
張家箴 廈港民生路天元藥房
張昌友 內武廟三九
洪玉明 思明北路八七
孫博宗 中華路九四一貼盧
劉澤民 禾祥街四七

張炳南 鼓四欉松四六一
朱木春 廈港福海宮二八
游文章 開元路八七
許悟賢 蘇厝巷一一
陳德友 禾泰街二一
陳友城 禾山殿前三四一
楊梅魂 上古街八六
蔡大偉 大同路五一九
張鼎雲 南猪行四四
陳炳輝 禾山江頭街四一
蘇志元 古營路五〇
張榮芳 定安路一〇
郭錫蔭 鼓中華路四一
涂乾照 大同路三〇三
洪建文 古營路
陳玉如 營平路四七
莊邦浩 禾山江頭街二九
甘影輝 定安路六六甘惠堂
曾德生 鼓福建路六八
黃怡博 開元路一四八

陳階石 大同路七〇
林康年 大同路二二六
陳世宜 周寶巷二號
呂勳銘 廈港太平橋二九
高影甫 大同路一七六
林志生 外清路四號
陳其祥 豆仔尾陳錦興轉
劉俊英 大同路建東參行轉
陳忠益 開元路九六
王少程
黃鏡波
陳沖意 海後路二號

外科

蔡邦棣 鼓龍頭路二〇五芝草霖
陳美貫 鼓內厝澳一八七
林鳳儀 鼓龍頭路一〇七
黃衍陳 鼓龍頭路二五八
許存仁 廈港太平橋三九
鄔金山 鼓龍頭二二五
李峥嶸 古營路三四
邱國華 古營路三一九

康樂

洪意誠 鷺江道二四

喉科

馮洛卿 大同路二〇四
馮柱卿 中山路二六六

眼科

施異材 廈禾路三三六
王文宗 思明北路二號人和堂
王文龍 思明北路二號人和堂

西藥業調查

商號	負責人	住址	電話
華安	張慕倫	中山路二〇五	三一〇號
福治	楊福治	中山路六九	八〇三號
白記	白睾生	中山路二五七	
博濟	劉秉章	中山路一六二	三三八號
五洲	葛煌齡	中山路一八〇	六二八號
大中	張托生	中山路二三八	
兄弟院	李耀生	思明北路一四三	
明源藥局	何長明	大同路二六八	
永和	王丁財	思明北路一二五	
中外	周席珍	大同路四八一	
道德	李番道	大同路五二四	

名稱	姓名	地址	電話
育仁	榮授	古營路五一	
泰明		大中路七一	
德和	施合鄉	大中路一二	七四四號
美德化學工業社		大中路五二	
太生	簡石旺	大中路七四	九九號
謙德	陳西春	思明南路五〇四	八九一號
亞洲	衛嘉鴻	中山路六〇	
宗記		思明西路七一	
德建	李明智	鎮邦路六號	六五八號
一貼靈	黃澤民	中山路九四	九〇四號
天德	陳天德	思明南路四五五	
中和	黃照臨	思明南路二六九	
平心	李平心	思明南路四二六	
潘博仁	潘大漢	思明南路四四八	
輝星院	李輝星	思明北路一二〇	
光華眼科	林存仁	思明北路一四五	
從生	羅玉清	太平路二九	
維鈞		太平路二八	
玉仁	陳玉仁	後廳衕四〇	

名稱	姓名	地址	電話
周昌	黃宗榮	大同路三一九	
德安	施聰慧	大同路四二三	
清和	洪清和	大同路四九五	
玉昆	洪玉昆	大同路一一〇	
德川	黃德川	大同路一七八	
燕翼德	馬志元	大同路二〇四	
鄧清江	李淑儀	大同路三〇四	
瑞安	黃亞郎	鎮邦路一一〇	一二一號
社人堂	黃堉德	大同路四五四	
莊光明		大同路一五七	
文炳	白文炳	開元路七八	
福民	陳本	開元路二一八	
保民	陳金安	開元路二九六	
天源		開禾路二八	
茂記	吳志仁	開禾路三〇	
惠生	鄭宏秋	開禾路三四	
進大	白希生	大中路二五	
濟壽堂	鄭春生	大中路四七	
蒼生	楊倉科	大中路四〇	
陳德棠		大中路七二	

陳銘因		大中路六八	
遠東	吳逵雲	思明西路三六	五三號
鷺江		思明西路二四	
楊福		思明西路七二	
博仁	黃養	思明西路三五	
誠安	鄭興仁	思明西路五七	
茂林	章茂林	思明西路七五	
楊清	陳楊清	思明東路四七	
遠生	陳培發	昇平路五號、	
東福		海後路五三	八六五號
宜生	胡定開	大中路八〇	八七六號

國藥業調查

商號	負責人	住址	電話
廣濟	徐弈具	水仙路五號	
元壽	陳伯華	水仙路六五	
四季春	黃少山	中山路一一	
萬記	林景康	中山路一二一	
壽生堂	許秉鈞	中山路三〇三	
宏安	翁炳南	中山路二四〇	
安仁堂	王遜臣	中山路二七〇	

康樂

馮大柑	馮柱卿	中山路二六六	六六九號
杏春	林萬慈	思明南路二七九	
心人堂	楊忠信	思明南路二九三	
存仁	林旭哉	思明南路三八〇	
慶濟	李葉官	思明南路五〇〇	
聚慶春	陳慶雲	思明北路八二	
涵春	胡麟記	思明北路二五	
泰豐	蔡有聲	思明北路八一	
天福堂	王振邦	思明北路八四	
林安春	林孝清	太平街三一	
永春	唐永茂	定安路八號	
甘惠堂	甘彰輝	定安路六六	
南昌	涂乾照	大同路三〇三	
恭安	唐壽民	大同路三七九	
益生	林景明	大同路二〇六	
火仙	林天送	大同路一三四	
平安	張孝芳	定安路一〇	
延齡陵	吳憲廷	開元路一〇七	
源美	洪敦養	開元路五四	
大生	林文溥	開元路一八三	

寶元	李優生	開禾路一四
春山堂	張文峯	古營路一九
大有	傅賡聲	營平路四七
萬山堂	陳富和	打鐵街六九
永和堂	林四娘	打鐵街一五六
回春	汪雪谿	鎮邦路一七
閩南藥行	林清鳳	鎮邦路三五
恆德居	郭金全	鎮邦路三九
壽人堂	周明輝	鎮邦路八六
杏林	鄭和祥	思明東路一〇三
堂德	蔡旺轉	思明東路一〇〇
太和	曾騰灼	思明西路二一
四和堂	陳青雲	太山路四〇
泉德春	劉澤民	禾祥街四九
宜春	陳明堂	禾祥街二〇
德和堂	陳德友	禾祥街二一
松茂元記	林元藩	溪岸街八號
盛德堂		人和路六二
逢春堂		人和路六八
中華	郭詩山	中華路四號
萬壽春	葉雲梯	中華路八號
大同	陳全	大同路四三〇
仁和堂	陳和東	開元路九六
兆源	林振勛	橫竹路三八
謙利	陳在慶	橫竹路一八
會豐	龍森泉	鎮邦路五八
款文	陳泉金	鎮邦路七八
古天	翁迺恭	廈港太平橋
天元		廈港民生路
鶴壽齋	康明爵	廈港關刀河

三・地方病

市區、鼓浪嶼以及禾山衞生事務所，在卅五年一月至十月份所診治病人，據報告計初診男性三二〇七人，女性一三五四人，合共初診四五六一人。複診男性四五三六人，女性二四一八人，合共六九五四人。其中內科佔百分之六〇，外科百分之四〇。染患傳染病者，自卅五年一月起至十月止，計患鼠疫者一八六人，不治而死六三人，患霍亂者四七人，死亡二二人，患赤痢者九人，白喉六人，中死

康樂

亡一人，患腦膜炎四人，回歸熱七人，傷寒五人，瘧疾三四六五人，統計患者三七二九人，死亡八六人。惟其他醫師診療不計在內。死亡率亦未統計。

四、戰前醫務機關與衛生人員

甲，醫務機關（民國二十五年）

	機關數
醫院	五七
診所	七八
總計	一三五

乙，衛生人員（民國二十五年）

	人員數
醫師	一九五
藥劑師	六六
護士	九〇
總計	三五一

五、廁所分佈

本市公廁多築於窮街陋巷，非諳熟廈門市道，鮮有知焉。市區共有廁所計廿七處，其分佈如下：

1故宮路　2福茂宮　3國公府
4第七市場邊　5中正廟　6牆頂巷
7前岡宮　8外清宮　9文淵井
10講古脚　11太古媽祖碼頭　12第六市場
13輪渡　14布袋街　15山仔頂
16麥仔埕　17大井脚　18舦舨寮
19第四市場　20八卦埕　21小史巷
22石蟳巷　23小學路　24芬草巷
25第二市場　26斗涵頭　27溪岸頭

廈門港公廁分佈如下：

1石榴井　2打石市　3菜園仔角
4待數巷　5河仔豬頭　6太平橋
7蜂巢路

鼓浪嶼公廁爲最少，分佈如下：

1市場邊　2黃家渡　3內厝澳

六、娛樂場所

娛樂爲一種精神之調劑與安慰乃吾人生活上不可缺少之要素；工作餘暇，欲澣胸懷抑鬱，應須怡爽心神。若論娛樂種類，式樣雖多，唯其最普遍者，即飲酒，品茗，觀劇，跳舞，撞球，弈棋，唱戲等等，本市光復，娛樂業益見活躍，其發達之迅速，適足反映市面之繁華。舞榭酒館，櫛比鱗排。茲將各娛樂場所調查如下：

1舞場，光復後相繼開營之舞場，有百樂門，仙樂，國泰，好萊塢以及鼓浪嶼之大華等五家，夜夜客滿。生意極盛，後以省令禁舞，國泰大華遂告停歇，百樂門改名萬國，仙樂改名復克，好萊塢改名美高梅。以咖啡座之號召重新開業，舞雖明令嚴禁，間亦可於酒甜耳紅時偷相抱對舞。旋復因當局嚴厲取締，萬國再告閉門，美高梅重易名夜總會，仍舊營業思明南路，電話三五三號，復克作風不變，設海後路。大千旅社四樓。至於舞女，係本地籍佔多數，其次為滬，粵台等籍。叫舞女坐桌子，每時萬元，咖啡一杯，需款三千。

2戲院 本市計有中華戲院，思明戲院，開明戲院，大同戲院，金城戲院，龍山戲院以及鼓浪嶼戲院等七家。其中龍山係演「歌仔戲」，戲題多為「二度梅」「孟麗君」，等社會劇。其他各院均為開映電影，中華、思明，開明三院多映外國片，時亦穿映新拍攝之國產片。大同，金城以映演國片為主，票價較低，頗受中下層者之歡迎。鼓浪嶼戲院設於鼓島，與中華，開明同屬和樂影業公司，故選演影片，多待廈門映過後，再搬上鼓銀幕。各院調查如次：

商號	負責人	住址	電話
中華戲院	林維樂	中山路九八	二八二號
思明戲院	李永泉	思明北路四	二四八號
開明戲院	葉銀漢	思明北路一七一	二八〇號
大同戲院	呂慶福	大同路三一三	
金城戲院	汪昌慶	大元路一四	
龍山戲院		後廳衙	
鼓浪嶼戲院	陳日新	鼓浪嶼市場頂	

3咖啡館 咖啡館除一二規模較大外，餘多係一種小酌菜館，備下西餐茶點，應客小憩，。嗣即時代進化，經營者知所趁順潮流，設雅座、播音樂，以投客好。茲將本市各咖啡室調查如後：

商號	負責人	住址	電話
逸園		思明南路四二一	五九八號

高亭	中山路二二三	一八五號
志揚	思明南路	
梅興行	思明南路四三	四六四號
仰光	大同路五二七	五七五號
吉隆	海後路三五	九一三號
泗水	海後路	
中坡	海後路	
小坡	海後路三一	三五九號
小呂宋	海後路	
海濱	海後路	
益記	大同路四七一	五八號
美園	思明西路六二	一〇六七
國際聯歡社	中山路三六五	七五號

4 酒樓　本市酒樓因市情之蓬勃，竟到處盡是。目下各大酒樓全席十萬元以上，散殽隨意，且為博取顧客所好，以廣營業，多延有女招待，為客勸酒進食，曲盡慇懃，故客皆另給予賞款(即小彩)，其面龐秀美，善承客意者，月入約在二十萬元之上，間亦多暗操神女生涯者。

5 撞球與乒乓球　撞球室，全市計兩家，一為中山路明星，一為鼓浪嶼日興街月明。乒乓球室以前僅有樂友等三數家而已，唯自近月以來，其興起有如風起雲湧，截至目前，全市竟達六十餘家。其比賽章則為十一球決勝負，如誰敗北，即應出百元以作租費，球賽評判員，即由老板重金延請年青女郎擔任，確為娛樂而參加球賽者固多，而專為彼姝者更大有人在。故此風之長，殊非良好現象。

●文化

文物向居本省祭酒
淪陷八年慘遭摧毀
規復舊觀為期猶遠

厦門中外人士薈集，文物甲全省。奈因一度淪陷慘遭日寇蹂躪，八年於茲，文物蕩然，且受奴化教育所淫。雖今山河光復文化機構逐漸復員，惟為期猶遠，端賴有心人士之振奮而已。茲將本市抗戰前後之文化分述於下：

一、教育

本市戰前，公私大學，中學，小學及專修學校數逹一百餘校，內地各屬與南洋各埠均將子弟遠送來廈求學。淪陷以後，除鼓浪嶼基督教會所屬各校賡續存在外，餘均星散或停辦。至三十年十二月八日太平洋事變，廈鼓僅存教育機構又遭空前之破壞。溯自廿八年七月一日偽市政府成立，設置偽教育局，下設社會，學務兩科，分管社會教育及學校教育。一切均採取暫守措置，辦理欠善，質量貧乏。學生所用教科書均採自南京偽政府編印者。迨勝利後，偽組織瓦解。本市開始復員。謹就各部門分述如次：

甲，國民教育

國民教育戰前計有公立小學十校私立小學八十三校，學童萬餘人。迨淪陷後，小學僅餘十六校幼稚園二校，在學兒童不過六千五百人，失學兒童數佔全市人口數百分之十五，佔全市學齡兒童總數百分之八十四。光復後市立私立各小學均積極籌設及復員，祇因原有校舍多數被折毀，一時無法全部復校。截至三十五年底，計公私立學校有國立廈門大學實驗小學及僑民師範附小各一校，市立中心國民學校九校，市立國民學校八校，市立幼稚園二校，私立小學已復校者計二十六校，私立幼稚園一校教職員數有三百餘人，在學兒童數計一萬三千餘人。失學兒童約佔全市人口總數百分之九，三。佔全市學齡兒童數百分之四十五。文盲人數四萬六千餘人，佔全市人口總數百分之三十二。教育方針以國民教育為重，並求教費之增籌、教師之待遇改善，俾能質量並臻完美。

至於初等教育師資質量，戰前小學教員六百零三名，內師範畢業者一百八十人，中學畢業者三十人，其他畢業者一百二十三人。淪陷期間，小學教員二百四十二名，除一二師範生外，其餘均屬高初中畢業生。現有之中心國民學校與私立小學之教師計男一百六十六人，女一百六十四人，內經登檢初小級任教員以上者計男三十四人，女七十一人，代用十一人，未經登檢者二百十五人。

乙，中等教育

抗戰之前本市中等教育極形發達。據民國廿六年以前調查計有省立中學及省立職業中學各一校，私立中學十二校，私立女子中學五校，計學生約有五千餘人。此外尚有專科學校，如福建民用航空學校，廈門繪畫院，汽車機器專修學校，春盈電容院，美術學校等五校。淪陷期間，中等教育僅有僑市立中學二校，僑市立女子中學二校，統計教職員八十七人，學生數亦僅一一二二人。光復後乃創辦市立初級中學一校。國立第一僑民師範亦以廈門為華僑出入之門戶，奉令遷移本市。私立英華，毓德，懷仁三校於國軍蒞廈時復校，大同中學亦由南靖山城遷返。晚近廈中，雙十，中華三校亦相繼復校。至其他私立中學與專修學校，因設備遭受重大破壞，復校尚須有待也。

丙，高等教育

廈門大學為「愛國老人」陳嘉庚先生所創辦。民國成立後，陳先生以祖國教育不興，文化落後為念，慨捐鉅資創辦集美學校於同安。民國七年又議興辦大學，遂於九年八月親蒞滬上，邀集蔡孑民，黃任之，郭鴻聲，鄧芝園，余日章，李登輝，胡敦復，黃孟珪，葉采眞諸先生共商設立，並以籌募經費為己任。既而成立校董會，並由閩省政府撥廈門南普陀附近官地為校址。勘界既定，即興工建築，命校名曰廈門大學。聘鄧芝園先生為第一任校長。

十年四月二日，假集美學校開學。五月鄧芝園辭校長職，旋電南洋聘林文慶博士來廈繼任。十一年二月遷入廈門新校舍。自開辦至廿六年，凡十七年，經費由嘉庚先生負担，計支出四百四十餘萬元，經費雖非饒裕，尚足支持，建築方面先後完成校舍四十餘棟，共計三千餘間，凡教學食宿所需，無不俱備。組織方面，則設文，理，教育，法，商五學院，後以教育學院改為教育學系，併入文學院，又併法商為一院，共三學院，屬系凡九。並附設高級中學。學生共四百餘人，畢業離校者，達五百七十一人。此為廈大私立時期之概況也。

民國廿六年教育部徵得嘉庚先生同意，改歸國辦，派薩本棟博士為校長，來廈接收。薩氏於七月廿五日蒞廈視事，未久抗戰軍興，乃計議遷移內地，電部請示獲准，遂與閩省府洽商遷移長汀。兩度派員察勘佈置一切，遂於十二月廿四日開始遷汀。

廿九年秋，奉部令接辦福建大學之法學院，幷添設[illegible]電工程學系，改理學院為理工學院。卅三年秋機電學增加一班招生，幷於理工學院內增設航空工程學系及籌設水產研究室，聘汪德耀氏籌備。卅四[illegible]校，呈請恢復文學院之外國語文學系，並增設法律學系司法組以應時代需要。卅四年度又奉令籌設海洋學系，預計卅六年秋當可開辦。該校學生初遷汀時，僅二百四十餘人，今達一千零廿六人，數倍於昔。改歸國立之初，僅設三學院九學系，現除海洋學系未正式成立外，共有文理工法商四學院。文學院下設中國文學，外國文學；歷史，教育等四學系。理工學院下設數理，化學，生物，土木工程，機電工程，航空工程等六系。並決定卅六年度將理工學院分設為理，工兩學院。法學院下設政治。經濟，法律等三學系。商學院下設銀行，會計等學系。共十五學系。自卅一年以還，內地物價飛騰，該校員生草食瓢飲，相對學習，無減於昔。卅二年五月薩本棟氏應聘赴美講學，校務由汪德耀氏代理。卅四年秋，薩氏招聘約滿，因體力關係，未能返校，呈部辭職獲准，行政院並通過任用汪德耀博士為繼任校長。卅四年八月抗戰勝利結束，該校請准復員汪氏時適赴渝參加全國教育善後復員會議，並延攬教授十餘人，十一月中旬返汀，積極復員。於卅五年八月成立復員會，先在鼓浪嶼設復員處，由文學院院長周辨明教授主持。奉准一年級先在廈門上課，並於是年十二月一年級生在鼓正式開課，旋改為新生院。另在廈設復員辦事處，負責修繕及籌備全校復員事宜，由彭傳珍主持。在淪陷期內該校校舍遭敵折毀者約五分之三，中以生物院被全毀損失為最重，其他殘餘房屋勝利後曾開為日俘集中營，旋日俘撤退後該校開始接收。校舍積極修葺：卅四年十二月於鼓浪嶼博愛醫院舊址招收一年上新生。卅五年七月總校始由長汀遷返，該校復員始告完竣近設有專車，由校內駛市區。按時往返．員生稱便。

丁，社會教育

廈門戰前社會教育遠較內地進步。如文淵井廈門圖書館與鼓浪嶼中山圖書館藏書各數萬卷，設備亦頗完善。他如有關社會教育團體如教育會，通俗教育社，婦女救濟會，小學教職員聯合會，廈門衛生會，國民儉約促進會（體育戲劇音樂等類團體於下專文介紹）。以及宗教方面之基督青年會，佛化青年會．現代僧佛伽社等．工作俱見積極，成績極佳。尤以宗教團體之社會活動，非一般其他社教工作人員所能比論。惟據民國十八年廈市公安局之調查，全市人口一五四三八七人，識字者僅五二四九六人，文盲達一〇一八七一人，非文盲僅佔總人口三分之一弱。基上數字，足見其時民衆教育之未能普遍推廣。全市民衆學校僅有四所，教員共十五人，民衆入學者僅三百餘名。從另一方面觀察，由於初等教育發達，私塾僅雨農，葵軒，種田，健侯，培蘭，省三，道培，尺園，尉露，天士，商餘等十一所，且塾生寥寥無幾。至民國廿四年十月始有市立民衆教育館之設立。館長陳式銳，陳泰。舉辦民衆夜學，民衆壁報，民衆茶室，民衆職工介紹所及妓女識字班等，成績斐然。尤以民衆同樂會，敬老會，及巡迴圖書館等活動更為可觀。廈市民衆教育至此，始有劃時期之推廣。

淪陷時，戰前所有社會教育機構全部被敵偽摧毀。迨至偽市府成立，偽教育局卽收集前文淵井廈門圖書館被燬後之藏書，一面將虎頭山中華中學圖書館殘存圖書刧奪，於民國二十九年十月假水仙路中國銀行原址為臨時館址，設立市立圖書館。太平洋事變後，鼓浪嶼淪敵，三十一年偽府佔奪中山圖書館改辦鼓浪嶼圖書館。并策動一般文化宗教敗類，設立偽體育會，文藝協會，劇聯會，大衆佛教會，孔教會，基督教聯合會。等傀儡團體。民國三十二年十二月，偽市府又公佈登記私塾辦法，登記私塾計有至德學社，化育學社，昭化學社，誠德學社，尺園私塾，啓智學社，明倫私塾，前鋪學塾，華盛簿記補習班，中信簿記補習班，王氏漢文研究社等十一所。

光復後教育當局重新設立市立民衆教育館，民國三十五年，業務移歸省立民衆教育館辦理。又接收偽市立廈門與鼓浪嶼兩圖書館，改辦市立第一圖書館於小走馬路，市立第二圖書館於鼓浪嶼原址。卅五年度起，除改辦私塾與各種補習班登記外，舉辦全市文盲調查，除學齡兒童外，統計識字者有三七八七一人，文盲四六二八〇人。一面擬定計劃，積極推行民衆教育。現於各中心國民學校與保國民學校普設成人班與婦女班共一一六班。第一期受教失學已有一三五七人。同時組織社教宣傳委員會，社教推行委員會，積極策劃推進。又為管制私塾與各種補習班，改辦登記。現在市府立案之私塾與補習班計有十所，塾生三四百人。其名稱塾師，地址與教育科目如下：

中信會計學社	楊小江	鎮邦路	商業簿記，會計學
啓智學社	白錫蓮 潘秀華	開平路十四號	國語，公民，常識，尺牘
大中學社	鄭恩華	大中路四十七號	英語，國語，算術
漢文補習班	楊健侯	鹽溪街八號	國文
補遺女塾	陳梅英	洪本部六號	國語，尺牘
施氏補習班	施志雄	思明義務小學	英語
眞光補習班	劉重生	民國路十五號	國語
南風補習學社	黃靖三	民立小學	英文，算術
商餘補習班	陳杞榮	鼓，泉州路七十三號	黨義，國語，珠算，尺牘
盧文啓私塾	盧文啓	鼓，復興路九十二號	國語，尺牘

廈門市黨部與青年團亦附設有婦女補習班於思明東路與婦女青年補習班於廈門分團部內。教學科目爲國文，英文，數學，珠算家事以及精神講話，舉辦以來，成績斐然。而昔年名友半凋零之通俗教育社亦於卅五年復員，幸社址完整。現內除設總務處理一切社務外，有德，智，體，羣，美五育之設。德育部辦理慈善事宜。智育部辦理國教與社教之識字宣傳壁報並附設通俗小學又擬增設夜學。體育部組織各種球隊。羣育部辦理社會活動事宜。美育部則負責戲劇藝術之部。

此外，抗戰後本市新興有力之社教機關有私立海疆學術資料館與廈門廣播電台。海疆學術資料館成立於民國卅五年五月。該館原爲陳館長盛智之家庭圖書館，因鑒於廈門爲海疆要埠與華僑出入國之樞紐，爲求儲集學術資料，鼓勵研究海疆問題，溝通中南文化，促進海外發展，所以將該館化私爲公，設立於本市虎園路十一號。組織以董事會爲最高機關，董事多數係閩台文化界與南洋僑領，董事長爲張聖才，副董事長陳盛智。其內部組織分圖書，博物，研究三部，貯藏書報博物甚豐，分門別類易於檢閱。研究海疆問題之人士，可將需要參攷之資料通知該館，卽代蒐集該項研究資料供應之。研究部又預定於卅六年春出版期刊與叢書，將研究所得貢獻社會。至於廈門廣播電台原爲日本台灣總督府於本市淪陷時期所建，對我國東南沿海與南洋各屬散佈侵略毒素。光復後爲我國民黨中央執行委員會中央廣播事業管理處接收，派翁禮維爲台長，下設播音，工務，總務三課。現辦公地點與發音室設於虎園路發射機房設在白鶴路二號。該台備有中波發射機，電力二百瓦特，週率係用八一〇千週，波長三七〇公尺短波發射機，電力五百瓦特，週率係用八三四八千週，波長三五，九公尺。其發射機室近擬遷移虎園路前日本神社內，幷將短波發射機電力增强至一千瓦特。該台播送時間計自午後五時半起至十一時止，播送種類有音樂，兒童，婦女，青年，衛生，時事以及省市新聞，轉播南京中央電台，重慶國際電台，舊金山美國電台之國語，英語新聞等節目。

附，公私立各級學校一覽表

校別	校名	校長姓名	電話	校址
國立	廈門大學	汪德耀	913 160	廈演武場 鼓和記路
國立	僑民師範學校	陳永康	831	曾厝鞍
省立	廈門中學	崔鍾瑛	1091	公園南路
市立	市立中學	呂仲駒	1007	廈禾路
私立	雙十中學	黃其華	406	雙十路
私立	中華中學	王連元	630	虎頭山
私立	英華中學	許揚三	77	鼓安海路
私立	毓德中學	陳贊美	295	鼓漳州路

私立	懷仁中學	吳著盃	270	鼓永春路
私立	大同中學	李文立	497	靖山路
私立	懷德幼稚師範	黃靜竹	271	鼓漳州路
國立	僑民師範附屬小學	黃冠文	278	頂釋仔
市立	廈西第一中心國民學校	陳懋材	284	小學路
市立	廈西第二中心國民學校	謝錦添	633	美仁宮
市立	廈南第一中心國民學校	陳宗賢	370	同安路
市立	廈南第二中心國民學校	林泉聲	262	思明南路
市立	廈港第一中心國民學校	莊漂斌		碧山路
市立	廈港第二中心國民學校	葉鴻圖		上古路
市立	禾山第一中心國民學校	陳甲友		禾山祥站
市立	禾山第二中心國民學校	董如純		禾山殿前
市立	鼓嶼第一中心國民學校	甘朝駒	115	鼓海壇路
市立	開洪保國民學校	布淑恬		道平路
市立	思東保國民學校	孫森		思明東路
市立	同文保國民學校	黃如海		錢爐灰埕
市立	康泰保國民學校	蕭春榮	178	鼓康泰鞍
市立	曾厝保國民學校	蕭子紳		曾厝鞍
市立	雙涵保國民學校	楊愛寶		禾山雙涵社
市立	何厝保國民學校	張鏡明		禾山何厝社
市立	第一幼稚園	張清香	57	中山公園內
私立	復華小學	張達有		民國路
私立	民立小學	葉淑仁	57	大中路
私立	漁民小學	張慶和		漁行路
私立	雅化小學	李憐憫		思明東路
私立	思明小學			思明東路

文化

學校	校長	電話	地址
私立毓　小學	王愛華	252	鼓田尾路
私立懷仁小學	陳雪娥	270	鼓永春路
私立福民小學	李魁梧	106	鼓和記路
私立英華校友小學	陳兆麟	256	鼓安海路
私立養元小學	楊振聲	85	鼓復興路
私立維正小學	黃昭英		鼓博愛路
私立民强小學	陳淑英		洪本部
私立世德小學	吳淞波	1619	霞溪路
私立奎璧小學			禾山蓮坂
私立弘農小學			廈港
私立全民小學			鐘樓下
私立桃源小學			小走馬路
私立雲梯小			禾山前埔
私立龍塘小學			禾山龍塘
私立湖山小學	陳克舒		寨上社
私立岐山小學	林鴻珠		高崎社
國立廈大實驗小學			廈港
私立毓英小學	許戴華		城隍廟
私立禾光小學	呂火伴		禾山呂厝
私立益羣小學	何象		禾山竹坑湖
私立坂上保代用國校			禾山坂上
私立懷德幼稚園	蔡讚美	271	鼓永春路

二，新聞事業

廈門之有日報，始於鷺江報，爲名孝廉黃亮臣所辦。嗣改福建日報，由革命前輩黃瀫臣主持。蜕爲廈門日報，而爲南聲日報。時日台人組織全閩日報出而對峙。後南聲日報再改名閩南，民國五年冬被封復版 翌年再被封。民七年以言論公正見稱之民鐘報亦被封。民鐘報係蛻改自民應報，民應創於民元，封於民二，爲革命先烈許卓然所辦。民鐘被封之後，本市祗存日人所營之全閩日報，是年十一月江聲報始問世，民九，信報，思明，廈聲三報相繼出版。廈聲出版兩週，即被迫停刊。翌年始告復版。未幾報業如雨後春筍。商報。時潮，道南，天南，晚報，晨報，中華日報皆相繼產生，但皆曇花一現，瞬即停閉。惟自其時起。本市各報內容已有新趨勢，均能適應時代需求，灌輸新思潮及新文化。初備在副刊登載少數新文化文字，繼且特闢專版介紹。江聲。廈聲更增加篇幅。出版兩張半至三大張。同時各報并仿民鐘報先後採用舊五號字。民國廿年前小型報尤盛旋亦被制止出版 。民廿一年又出版全國僅有之兒童日報、至廿六年間，本市報業之演進，已有顯著進步，日報計有江聲，思明，商學， 廈門大報，華僑，星光，全閩等八家。及抗日新聞等，思明商學報（係思明日報與商學日報合刊改爲廈門日報）與華僑日報於抗戰軍興之前，則相繼停刊。

抗戰軍興，全閩新日報因日僑撤退而結束。翌年本市淪陷除江聲報遷往晉江出版（發行至六〇〇〇號停刊）外，各報則於淪陷時停刊日寇佔領本市之後，全閩新日報社長澤重信捲土重來，佔據星光日報社址復版。江聲報財產則被漢奸霸奪，出版僞復興日報。未幾僞市府成立，以僞復興日報改爲華南日報，作爲僞政府之機關報。

抗戰勝利，全閩新日報及僞華南日報亦告停刊。卅四年十月三日本市光復。戰前各報社分別接收其原有之財產，惟廈門日報及華僑日報所有机件器物，均已變賣被人盜佔。此時新創刊之報紙有立人日報，中央日報，太平洋晚報三家。星光日報亦於同時復刊。自漳屬遷廈出版者有青年日報，閩南新報，福建新聞（午報），前哨報（晚報）。嗣江聲報亦整理就緒復刊。此爲本市報業全盛時期。卅五年春，因物價飛騰，收復區經濟未甦，太平洋晚報、福建新聞，前哨報等相繼停刊，閩南新報遷返漳州，青年日報則暫改晚報。六月，晉江時代晚報遷廈出版小刊三日刊宇宙報亦於是時創刊。卅六年元且，宇宙報改出晚報，而前哨報亦改名廈門民報而復刊。現已出版之日報計有江聲，立人，星光，中央四家，晚報有青年，民報，時代，宇宙四家。

觀今日本市之報業，雖內容與形式均較戰前更見進步，無論鉛字採用新五號，增闢各種副刊專版，若經濟得以無虞，本市報業則不難稱雄於本省與獨霸於南洋各屬也。

本市新聞通訊社僅有中央社一處係於本市光復時隨軍推進。現聞有海洋通訊社之籌設，冀作本市新聞界一新力軍。

三，出版事業

本市之定期刊物，自民元至民十八年多至一百四十八種，大部份係文化人與青年學生所辦，主要者如民俗週刊，國學季刊，廈大週刊，集美週刊，婦女之聲，通俗教育，同人週刊，爐炭月刊，初等教育週刊，衛生月刊，衛生年刊，道南週刊，銀花週刊，廈門週報，華僑新報，警務月鐫，初等教育季刊，廈門小報，廈門晶報，思門小報，如是小報，昌言小報，全閩小報等。除廈大旬刊及廈大週刊，教育週刊，集美週刊能按期出版外，餘者或一年，或數月，或幾週即告停刊。淪陷期間，本市舊有定期刊物均蕩然無存。一般文化敗類如許植亭，陳國，辛清波，林耕，楊滴翠，吳亦英，蔡寶雨等，爲獻媚敵偽會出版偽孔教月刊，決戰聯盟月刊，大乘月刊及文協等刊物。光復後上述文化敗類四出逃匿，其所辦刊物自亦停刊。適應建國時期之雜誌期刊亦相繼創辦，惟因物價高昂致未蓬勃如戰前。茲將光復後出版定期刊物調查如下：

版名	性質	編者	地址
青天	文藝月刊	黃菲君，吳子帆	光彩街三號
國民雜誌	綜合月刊	練維哲	
現代	文藝月刊	陳嘯高，周碩生	雙蓮池五十八號
明日文藝	文藝月刊	許虹，庫倫，柳處慧，雷石榆，趙大閒，洪辛	公園西路
九流	綜合旬刊	華光	鼓浪嶼康泰路
學生	綜合月刊		
廈大校刊	學校週刊	王雲波	廈門大學
化學通訊	化學月刊	廈大化學系	廈門大學
燈塔	綜合月刊	陳烈甫	

此外，本市出版社有人生編譯社，學習出版社，青年出版社，革命先鋒出版社，出版書籍有雷石楡之文藝一般論，秋健之水晶石（小說）等，市府統計室亦出版厦門要覽一書。人生編譯社近將出版庫倫之中篇小說播穀，柳虞愚之固學萬題數程，許虹之什文漁花集。

四，吟社

吟社爲詩人騷客聚吟之組織，每逢良辰美景，興會吟詠，詩集成刊。戰前原有菽莊吟社（在鼓浪嶼鹿耳礁），星社，鷺江吟社，（在文淵井圖書館），海天吟社（在亭仔下萬全堂）等。淪陷後社員星散，吟社寂無所聞。現值抗戰勝利，本市善詠之士又有組織吟社之舉，惟迄今已成立者僅有篔簹吟社（在虎溪公園內）而已。

五，音樂

本市研究音樂之風頗盛，南北樂以市區人士研究較熱，西樂則讓鼓浪嶼爲最。戰前除營業性質及學校教堂附設之組織外，西樂厦門有南島音樂社（在新街仔道立學校內），音樂研究社（在小走馬路青年會），鼓浪嶼雖無音樂團體，但私人數學與教堂樂團質量均佳。北樂有國樂研究社（在恆勝街通美號內）及各票房（見七，戲劇）。南樂有集安堂（在南田巷）錦華閣（在思明東路）。上述各社團戰後僅存集安堂，而錦華閣正在籌備復員中。至於學校教堂之各音樂社團，亦光復復員，凡逢節慶之日均有演唱。此外，青年團又於卅五年八月組織青年銅樂隊（內分銅樂，絃樂，聲樂三種：負責人黃楨元），乃突起本市音樂界一大樂事也。

六，體育

厦門體育向執福建牛耳，無論社會體育，學校體育成績斐然，歷屆全國全省各種運動會均多奪有錦標，且組有遠征隊出擊國內外各地，亦博好評。其時社會體育會較著名者有競强體育會（內分游泳，籃球，騎術），鷺光體育會（內分足球，籃球，田徑），精武體育會（內分國術田徑，籃球），華星體育會（內分出徑排球），健橐體育會（內分排球，足球），青年會體育部（內分游泳，籃球，排球）

，青友籃球會·黑鷹乒乓一會等·此外又有社會與學校混合體育會·乃由學生與該校校友組織而成·著名者有英華中學之協同體育會（內分足球，籃球，田徑）與健華體育會（內分足球，田徑），同文中學之同餘籃球隊。至於學校體育各校均見積極訓練，其中以廈門大學與華英中學之足球，田徑，同文中學之籃球，雙十中學，廈門中學之田徑等，較爲著名。

迨至廈鼓淪陷，原有體育會支離四散。雖勝利年餘原氣未復，此廈門體育界一大不幸也。戰前成立之體育會現在無一復員，新設立者亦僅有市府組織之國民體育委員會，青年團之青年體育會，通俗教育社體育部等。

七，戲劇

廈門戲劇種類頗多，除平劇（京劇）話劇與電影外，十戲尤各不同。前有：一，閩劇，即福州班。設備週到，佈景尤其注重，一班人數多至百餘人。二，台灣戲，所用唱詞均爲歌體，故俗稱歌仔戲。前台全女行，並後台人數計三十餘人。此戲係來自台灣，爲低級婦孺所樂觀。三，大戲，所唱之曲爲南詞，全班人數不過十餘人。因班中角色年紀甚高，又稱老戲。四，戲仔，又名七子班，演員只七人。均係童子，且多坤角。因善送秋波，致台下觀衆輒引爭端。五，九甲戲，唱打用皮黃，說白用土腔，言詞鄙俗。用具簡陋，台上椅棹均以竹馬代，因而亦稱竹馬戲。六，戲盆，多演文劇，惟有兼擅武行，因扮齊天大聖者爲全班主角，故又稱猴戲。慣演目連救母一劇以娛鬼·專供喪家或普渡之用·惟禁娛神。七，木偶戲，俗稱布袋戲，因弄木偶者只有兩人·操之於掌上也·故又稱雙弄或掌上班。此戲有兩派，一爲漳州派，唱念皮黃、說白用土腔。一爲泉州派，唱白均用土腔，擅南詞善打諢。八，傀儡戲，唱白與布袋戲同唯木偶較布袋戲爲大，而木偶之動作係以線抽動。此戲亦以娛鬼神，惟視其所演劇目而異。九，紙影戲，又名託景戲，所取何義不明·惟七月普渡之時始有之·唱白與漳派布袋戲同。十數年來，本市接受新文化日多，民衆對藝術欣賞水準漸高，上述多種戲劇亦漸被淘汰，迄今流行本市者僅有電影，話劇與平劇而已。但除電影外，話劇平劇於廈市光復後未見有職業劇團出現，廈市受敵八年奴化教育及長期積鬱結果，人民迷醉心於淫靡生活，色情電影大受青睞，話劇平劇演出觀寥寥落。茲將本市話劇平劇之研究分述如下：

甲，話劇社

廈門話劇（舊稱新劇）始於民元，時振武會學生隊籌餉倡演於茶園，同時鼓浪嶼新劇社亦告組織。翌年，青年會有話劇之演出，未幾，且創廈門新劇社與鼓浪嶼對峙。民八又有益智新劇社。再翌年，通俗教育社成立，聚三社精英設立新劇股。此後，話劇演出風氣日盛，學校劇社與社會劇社產生不少，惟無健全組織，旋起旋滅，較具永久性者僅有通俗教育社新劇股與廈大劇社，廈中戲劇研究會等。當益智通俗遞嬗之間，民眾民鐘兩劇社自上海來廈營業開男女合演之先。廈市淪陷以後，所有劇社均告停閉。繼之為一般文化敗類，組織新聲，大乘，文協，等劇社代敵宣傳。光復後敗類逃匿，劇社僅有隨黨部入廈之前哨劇社。翌年元旦，青年團附設之青年劇社（內有話劇平劇二部）演出名劇「金指環」而告成立。同年通俗教育社話劇股亦隨該社而告復員。各學校各社團公演劇社風氣日盛，且各地劇社常來廈演出。劇運乃漸推進，不久當有輝煌之成就。

乙，平劇社（票房）

廈門地處南方，語言遠異北方，劇曲向尚南詞。後國語流通，京曲隨之而盛。無論政學工商均以此娛閒，時粉墨登台。研究此劇之社團，俗稱票房。廈門之有票房以民國紀元前二十年洪和老，堯老二作昆仲組織之「集霓裳」為始。其時參加者有二十餘人，聘請教師「跛足大哥」（名失）訓練，應道台之請賑災首次演唱。民十，洪和老子雪堂繼乃父志，重整社務，新參加者大有其人時教師跛足大哥病逝，另聘京籍先進徐尚樵積極鍛鍊，二次演唱成績斐然。翌年，集霓裳社吳聰明及鄭雨霖等出而另創藝餘票房（票房之稱實由此始，社友改稱票友）。聘應鴻祥為教師，廣招票友，聲勢甚壯，曾在甕菜河田仔墘搭台演唱，頗得好評，後藝餘票友鄭雨霖，林振裕等脫而出組怡怡票房於 狗墓，聘張雨庭為教師；陳湘潭，馬育才等則應通俗教育社之請，組織平劇股 教師邢少庵。藝餘票房改由張振聲吳聰明主持，教師李萬全 嗣後藝餘，怡怡相繼停頓，票友均轉入通俗。未幾，適逢路政改築，市容整飾，各票友乃出通俗紛紛獨樹一幟，於是票房如雨後春筍。計有：

（名稱）	（地址）	（教師）	（主持人）
岐西票房	大王街	傅松齡	洪添丁 陳漢生
宏漢票房	宏漢路	仝上	張朝皓
益同人平劇股	棋杆巷	邢少庵	陳荔枝 施萬明
香滬部平劇社	打鐵街	仝上	紀鴻瑞 潘清水 李瑞河
思明票房	惠通街		陳義芳
商聯票房	關隘內		李磐澗
天籟票房	南田巷		呂經練
國樂研究社	石坊街	邢少庵	王汝仁 黃守忠 龔金水
怡怡票房	思明南路	張雨庭	鄭雨霖 黃在仁 蔡添安 林振裕 林清元
海關俱樂部	惠通街	李萬全	馮連祥 林震亞
商友票房	思明北路		陳松慶
工餘票房	和風宮	邢少庵	
通俗教育社平劇股	古城路	邢少庵	陳湘潭 葉品品 馬育才 吳聰明

時因票房林立，乃創設票房公會於通俗教育社內。嗣後，各票房經費支拙，相繼停頓，票友均復隸通俗·通俗因之勃興、後因通俗地址較遠。於是票友另設票友俱樂部於中山路安樂窩三樓。雙方明爭暗鬥，各出鉅資赴滬採購行頭以壯聲勢。抗戰軍興，全體票友均加入抗敵後援會、協助抗戰實有功績。迨至本市淪陷、票友星散，或內地，或南洋各屬。是年鼓浪嶼英華中學由楊民元，陳裕寬倡組英華國樂研究社，聘呂慶福·盧曇爲顧問·王耀宗，林月泉，郭蓮山爲教師。有頃，呂慶福出組樂社票房於電燈巷，票友數有六十餘人。太平洋事變後，鼓浪嶼票界遂隨廈市沉寂。淪陷期間，敵僞雖會組廈門藝林社，鶯聲國劇社，鼓浪嶼新聲劇社。光復以後，各地票友遂漸返梓，久別重逢，遂不分彼此，合組廈門市平劇社雖另有通俗教育社平劇股之復員，但其社友均亦隸屬於廈門市平劇社，於是廈市各票房一統。迨至晚近又有菲律賓歸僑組織天聲票房於中華路，頗引本市票界注意。此外廈港，鼓浪嶼及本市均有新票房之籌備·因未完成·故未宣佈。

八，專家介紹

甲，金石家

（姓名）（別號）（住址）（電話）

黃朗山 魯仙 四仙街七十七號

陳欽霖 三畏 中山路青年出版社

何勵生 廈門大學

許文 鼓浪嶼

吳巽子 昇

周鉄厂 大向路

盧雨亭 昇平路市銀行 六二二

姜祖怡 鼓浪嶼

乙，書家

李禧 繡伊 小走馬路圖書館 一九八

施乾 健庵 鼓浪嶼田尾

楊景文 子暉 傳厝墓宜園

虞愚 竹園 廈門大學

黃謙若 市黨部 二〇八

陳欽霖 三畏 中山路青年出版社

柯徵庸 伯行 西庵宮巷

郭漢泉 橫竹路錦祥茶莊

李伯端 鼓浪嶼公平路十五號 二二四

邱廷州 雲山 鎮邦路永新鏡店

梁果齋 鼓浪嶼鹿耳礁

趙寬 綽盧 鷺江道自來水公司 六六一

黃銘 斗杓 西庵宮

丙，畫家

吳芾 石卿 燒灰宮吳府內

王雲青 嵐叔 鼓浪嶼內厝澳

石延陵 雪庵 蘇厝街

曾位卿 醉叟 鎮邦路一號繪古齋

俞德 雪川 鎮邦路久華堂

趙寬 綽盧 鷺江道自來水公司 六六一

黃敏 振賦 後路頭普佑殿

林克恭 鼓浪嶼

滕崖草 定安路江厝巷口四一號三樓

龍鼎銘 鼓浪嶼博愛路十一號

周鵬飛 大同路七十號

黃輕綺 市立中學 一〇〇七

莊叔森 甕菜河逸園

朱一雄（木刻家）廈門大學

丁，律師

（姓名）	（地　址）	（電話）
林大綬	公園東路四八	一九三
葉競初	中山路三四五	五〇九
陳敬昭	橫竹路一	五二二
劉禮芳	中山路九七	二七〇
林傳德	思明南路四五一	六五一
施德昭	中山路三三二	六四六
林清池	中山路三三三	六四六
陳金能	海後路	八六五
施大晟	小學路六二號三樓	一一二三
張文水	公園西路九	二二四
宋　馨	民國路七四	五八一
傅　樫	水仙路一三	一〇二三
吳連奎	大同路南泰成二樓	一〇五八
蔡鍾琪	大同路三八二	二二四
包禹言	鎮邦路	二二二
黃時甫	中山路三〇八	五八三
孫印川	霞溪路四八	
許鴻賓	太平路三二	五六五
黃鎮中	福河街一七	
洪景皓	思明東路七一	一〇七九
謝騰瞻	思明西路天一樓巷三二	七二一
楊　樸	棋杆巷	一一三四
韓綬海	中山路中興銀行三樓	一一三八
楊子翼	大同路四六六	
劉亮齋	公園西路六	
陳硎璧	南普陀大南路一六	四五
黃培元	中山路二二〇	
石振岡	古營路六	八六二
潘嗣岳	大中路一七	
陸燮慶	復興路三	
吳寶泉	公園東路八六	
楊庚生	中華路四二	八四
林鶴皋	思明南路普佑街四四	
陳鼎元	廈禾路	
周　澍	鼓浪嶼日興街六〇	
遠　茹	深田路五	
何建朝	廈門鷺江道	

楊愛華　鼓浪嶼海壇路二七

戊，星相家

(名稱)	(負責人)	(地址)	(電話)
金吊桶	黃旦月	開元路	
一聲雷	黃志揚	思明東路一一九號	三二一號
滿天星	林則風	思明北路	
五百年	張笑雲	思明東路	
一枝梅	林　天	大中路	
小孔明	鄭　疇	中華路三九	
鉄關刀	王元德	思明南路	
吳一枝	吳一枝	鼓龍頭街	
千里眼	陳一聲	古城西路	
洪達時		橋亭	
洪潮和		海後路	
金吉堂	鍾吉星	大同路	

宗教

敵偽「神道」毒素廓清

佛教徒倍多耶穌教

一，宗教調査

自從民二十九年太平洋掀起戰端後，被敵人統治下之廈門偽政府，乃大肆排斥美英籍民；對於基督、天主等泊來宗教，亦加重重掣肘，用爲消極上之摧殘。另方面即竭盡心智，鼓倡其帝國「神道」，以及中國佛教，道教等。如創設廈門東本願寺於廈禾路佔據南洋商業公會會址，以日僧神田慧雲主持，並設西本願寺於北碼仔埕，信州善光寺廈門佈教所於虎園路，閩南佛化學校於南普陀，大乘佛教會於光彩街，以及組織佛化家庭訪問團等，大量製造「我佛」專門人才，俾作普施佛理，實則存心麻醉同胞，以隨其奴化野心，今黷武者已告潰敗，吾廈重光，各項宗教，除爲敵偽毒我之數佛教機構被革除外，一切寺廟除二媽宮等被拆毀外，餘均守舊態，基督，天主兩教，復顯活躍。茲分列現存各教堂寺廟於下：

甲，基督教

名稱	住址
新街仔禮拜堂	台光街

宗教

竹樹脚禮拜堂	開禾路
廈門港禮拜堂	永福宮
鼓浪嶼中華基督教會	日光岩路
廈門基督教徒聚會所	思明東路
鼓浪嶼基督教徒聚會所	鼓浪嶼四欉松
三一堂禮拜堂	禾山路
泰山口禮拜堂	賣鷄巷
溪岸禮拜堂	溪岸路
關隘內禮拜堂	大同路
基督教復監廈門安息日教會	霞溪路
基督教復監鼓浪嶼安息日教會	鼓浪嶼五個牌
廈門眞耶穌教會	思明北路
寨上社禮拜堂	禾山寨上社
江頭街禮拜堂	禾山江頭街
前村社禮拜堂	禾山前村社
橋頭社禮拜堂	禾山橋頭社
派茂社禮拜堂	禾山派茂社
聖教書局	鼓浪嶼福建路

乙，天主教

廈門天主教會	磁安路
鼓浪嶼天主教會	岷里拉路

丙，回教

清眞寺	玉屛巷

丁，佛教

南普陀	廈港南普陀路
妙釋寺	公園東路二號
虎溪岩	虎園路
白鹿洞	外靑山
太平岩	獅山後
白鶴岩	模範村
天界寺	醉仙巖內
金鷄亭	禾山蓮坂社馬隴山
紫雲岩	水溝路
頂釋寺	外淸釋仔街
萬石岩	中巖
萬壽岩	禾山文灶社
碧山岩	廈港巡司頂二號

壽山岩　虎園路半山塘
鴻山寺　思明南路二一〇號
華巖寺　廈港南溪仔墘
雲頂巖　禾山洪濟山觀日台
龍湫亭　禾山橋頭社
覺性院　禾山小東山社
觀音亭　大同路十號
日光巖　鼓浪嶼巖仔山
三和宮　鼓浪嶼三坵田
種德宮　鼓浪嶼內厝澳
興賢宮　鼓浪嶼巖仔山脚路
南壽宮　中華路五十號
岐西古廟　開元路一二五號
丹霞宮　雙蓮池
西庵宮　民國路
迎祥宮　黃厝宮巷
平台宮　先鋒營
和鳳宮　和鳳街四號
前園宮　本部巷二號
青龍宮　馬柱橫巷

美仁宮　尾頭社
洞賢宮　溪岸路一五九號
朝天宮　大同路林祠堂邊
圓山宮　廈港圓山宮巷
福海宮　廈港福海宮
太平殿　廈港大堤巷
福祐殿　廈港料船頭
龍山殿　廈港民生路
釣艚王宮　廈港民生路
龍王宮　廈港沙坡尾
娘娘宮　思明南路
會福宮　廈港大埔頭
福庵廟　廈港圓山宮巷
福仁宮　二王街
福壽宮　打鉄路頭
媽祖宮　東澳社
壽山宮　吳社巷
養元宮　戶部
養眞宮　內武廟邊
潮源宮　晨光路

龍泉宮	草仔鞍
鰲山宮	后蓮鄉
武昭殿	思明南路
武當分鎮	望哥石下
高明宮	禾山東邊社
內武廟	海岸街
大使宮	塔仔街
水仙宮	水仙路望哥石下
武西殿	同文路
福海宮	曾厝鞍
和安宮	布袋街
昭福宮	土堆巷
普佑殿	普佑街
雷音殿	廈禾路
福茂宮	打索埕
靈應殿	靈應殿二號

戊、道教

城隍廟	中華路城隍廟堂
東嶽廟	公園北門內

此之外，尚有齋堂十數處，其所謂齋堂者，乃在私人住宅之內設立佛堂，供奉三接引佛，勸導婦女持齋守戒，此均爲私人所設，不供外人禱祝？順錄於下：

名稱	住址
心德堂	出米巖二五號
妙法林	勵志路一號
印月堂	李仔山仙園路一二號
功德寺	溪岸路二號
甘露寺	虎園路二號
西方堂	祐福路二十號
武聖廟	模範村三十號
延壽堂	李仔山仙園路
脩德堂	溪岸頂石埕六號
海月寺	草埔尾十六號
佛頂寺	禾祥街八十八號
慎戒堂	同安路一號
進明寺	曾厝垵溪頭下社
大觀院	將軍祠三十七號
安定堂	廈港菜園仔角
慶安堂	廈港熟肉巷

淨蓮堂　將軍祠四十號

二，宗祠調查

本市各姓宗祠，均屬戰前興建，每逢春秋祀祭，即聚同宗於一堂，把盞聯歡，演戲奏樂，凡數日而興盡。唯自勝利收復，各宗祠除將軍祠吳氏大宗被敵焚燬外，餘倖完整。奈以人事變遷，經費不如往昔，縱逢季祭，亦多草草從事，未加鋪張，甚而乏人主持宗祠，竟至祀祭難舉。茲將各姓宗祠列後：

李氏宗祠　廈門港菜園仔角
林氏宗祠　大同路朝天宮邊
黃氏宗祠　戶部養元宮邊
陳氏宗祠　小學路
洪氏宗祠　思明南路
鄭氏宗祠　思明南路
楊氏宗祠　廈門水牛宮
王氏宗祠　祖婆廟
張氏宗祠　大同路

●禮俗

地稱文明，尚帶傳統俗習；婚嫁漸採新式；喪葬，年節祭敬，迎神等照舊例。

一，婚事

(1) 婚制

甲，舊式婚嫁

舊式婚姻，禮節最繁而重，此雖屬無謂花費，唯古老家庭恆多用之，其程序如次：

議婚　以紅紙條寫明對方之年齡，籍貫，住地，職業等，由媒妁攜至一方求婚，被求者即將紅紙條置於神前香爐內三天，以為內卽藉神祇佑取彩頭，外卽進行調查，果若合意，乃以被求者之八字合送對方，受者亦依法進行。反是，可將原條送還。在調查期間如有意外事情，或接條後三日而有打破碗碟磁器，稱為有傷「彩頭」，不論男女家適合與否，悉作罷論。如雙方條件談妥，認為滿意，俾得議論婚姻進行程式，其程式不外為議定聘金若干，大糖禮餅若干，議定後開始實行。

訂盟　婚姻議妥，由男方將金手環一對，聘金若干送至女家，此乃為「訂盟之敬」，俗稱「掛手環」，後再由男家送帖到坤家，謂之『請八字』，女家乃將新婦及主婚人等之生辰日月詳列帖中，連同男方及主婚人等之生辰日月，送請擇日館師，選取黃道吉日；婚期既定，雙方便準備嫁娶諸儀式。

納彩 俗稱「食定」，是日男女兩家，俱各點燈結彩，宴請戚友。媒人在男家飲食三巡後，即起身乘轎，護送所備禮品，前至女家，女家即將禮糖，禮餅，香燭，豚蹄，聘金等物，置於神前，焚香禮敬，開筵款待媒人，飲罷紅酒，女家即將大餅，糖丸，柿粿，桔餅置於櫥中，由媒人乘轎答送男家，同時女家并將媒禮送在帖盒，至男家時男家視女家之送禮若干，加倍贈奉冰人（唯此間慣例，戰前大禮女家送廿四，男方須送四八，中禮女家送十二，男方送廿四；小禮女家送四，男家送八 乃視雙方家庭經濟而為斷，今則三五萬元不等矣。納彩之後 女家遂將男家送來之糖餅，分送各親友，俾知于歸有期；男方亦以糯米搓糰，分贈友戚，以示吉期將屆。各戚友一經接受禮物，對女即送物添其妝奩；對男亦送物慶賀。禮有親疏，儀有厚薄，往賀者多視其送禮多寡，以定禮儀厚薄。最微之答禮，對女家即送冬瓜二包，脂粉數盒。對男家即送炮仔一串。若普通親戚，須送喜聯，大炮紅燭以及酒等。如係母舅必須喜帳一幅，用作高懸中堂。

裁衣 裁衣之日，須揀黃道，男女兩家同時舉行。男裁長衣，女翦外衣。裁時應請老年而夫妻子女俱全者執翦；并於是日合帳，猶須請子雙全者縫合床帳。

冠禮 俗稱「上頭」，係於婚期之前晚，男女雙方同時舉行，其儀式乃將一大枷栳安於神龕祖先棹前，以紅氈蓋於枷栳之上，再置靠背椅於氈頂，乃由新郎入坐，并將雙脚放置椅前之小竹椅上。其父母執結有紅紗之木梳，在新郎頭上一梳并將紅紗結其髮（無長髮者可免），另請一「相龍」而父母健在者，用榕根蓋新郎頭上，謂之「蓋頭」，同時唸曰：「上頭帶冠已成人，出門坐大位，食人頭杯酒，說人頭句話」等大吉話語，然後以米糰十二粒，在神棹所置新烘爐及新鍋上煮食之。冠禮告畢，新郎退位，當下收拾諸物，排下宴席，父坐主位，下坐賓席，父捧一杯酒，向外正立，新郎向內正立，由父敬以酒，曰『把馬杯』，意即謂兒子已長成，爲父經可退穩安逸，故敬酒以勗勉之，（無父母者可由其長輩主持）。而女家之禮亦然。自成禮後，新郎與新婦，均不得出房，必待花輿至時方可；是時新婦身着蟒袍，腰圍玉帶，鳳冠霞帔，純粹爲明朝裝。新郎則清裝紅頂花翎儼若命官，故有娶妻小登科之稱。查此例係清兵入關後，吳三桂與清帝約法三章之一，所謂『降男不降女』，是以男穿清服，女着明裝，及今思之殊屬令人莞爾。

迎娶　男家備花轎鼓樂，由媒人領導，直到女家，女家提前閉門，媒人乃敲其門曰：『開門呀，要娶新娘。』於是女家之門略開，媒人獻上預備之紅紙包小禮，門復關上，如是者凡三次方大啓雙扉，牽新婦入轎，轎抬數武，由轎後拋出摺扇一把，聽人追拾。其扇稱謂「放心扇」，意即請其父母放心之表示。轎至男家，停於廳前，新郎須出房牽新娘出轎，此時新郎須用力踢轎，使新娘突覺一驚，意謂如此即入門後之新娘，必能馴順男心。然而新娘亦有一法，於入房時，脚不跨檻而過，而踏檻越入，當可壓服新郎，此種乃襲用周公與桃花女之鬭法式。新娘出轎之後，同新郎齊拜天地，祖先，父母，舅戚，隨即入房，於焉禮成。洞房之中，另開一宴，名「合巹」席，排十二碗，多爲生物，男女對坐，由陪嫁娘舉箸夾餽，每夾一物，道吉利語一套，大抵爲生男中狀元，做大官之類口吻。

會面　三朝過後，女弟（舅仔）帶鮮花，麵包，冬瓜以及各色蜜料等禮物，裝置[illegible]中，乘轎至新郎家，新郎請舅仔出轎，送上禮帖，分探男家內外親族，接帖者須送紅儀爲舅仔作糖菓錢，且須開筵歡宴，由新娘執瓶，謂之「會面」，俗稱探房。是日新夫婦始行拜堂禮，閉新房經十二日，女家請壻會親，謂之歸寧，女家開筵款壻，壻須備款（外包紅紙）爲答，幷分送女家各親族，以爲見面禮，至此告一段落。現遵行此禮者甚鮮，蓋花費鉅大，手續亦繁之故。

乙，半新舊婚嫁

半新舊之婚嫁，多由舊式婚姻脫胎，以繁易簡，節省資力。唯因多被舊式婚制之薰陶，未能盡脫其圍。茲錄其大體如下：

議婚如雙方同意後，亦應定禮餅數額，只是減除大糖小巧而已。議妥後進行婚事。

訂盟　改掛「金手環」為戴「戒子」，雙方均備雕名之戒，纏以紅紗，到女家互相交換，謂之「訂盟」，嗣後「庚八字」亦與舊制同出一轍。

納彩　納彩與裁衣之儀式均同舊式，惟無如是隆重。

冠禮　均如舊制，但遠不備，單以糯米糰而已。昔時新娘之鳳冠蟒袍改為絕旒，新郎之紅絹花翎，變成西服革履。

迎娶　時代進化，邇近多備汽車迎娶，間用花轎鼓樂亦有之，而媒婆至女家「打門娶新娘」以及擲「放心扇」之俗猶多仍在，至「會面」之規則，尚與前同出一轍。

丙，新式婚嫁

新式婚制已稱簡單，自男女同意之後，即交換戒子，宴請親友，并擇定結婚日期，俾雙方準備婚姻各物。婚期一屆，新郎即同介紹人及男賓相，乘汽車前至女家迎娶，接至禮堂，舉行結婚禮，宴會既畢，婚事告成。禮堂、各旅社及大咖啡館為多。

二，喪事

婚喪為人生之大事。我國古代帝王，多以仁孝治天下，如倡言「百善孝為先」，以導人民之善事尊重。是故對諸喪葬之事，猶為重視，其方式因而較婚嫁為瑣。就本市俗例以言，概梗如後：

入殮　人死之時，須將神武祖先之神，遷移他處，然後將遺體陳堂上，長者居中，少者居右，殭臥於三魂床板之上，（不能加減）。靈堂布置，重以白帳，并在死人腳下燃燭一根（謂之腳尾燭），予死者入冥間免致黑暗），焚以冥鏹（謂之腳尾紙），使死者在冥間不致雙囊空空。（款花）。又糊紙人二個，（謂之腳尾排），俾死者有所呼使），然後舉喪，一面啼哭，一面燃燒冥紙，并派人通知各親戚，及須發訃音。且將紙轎置諸門前（謂之過山轎，俾死者免於跋涉之苦），戚友見轎，即知有喪，於是送上冥鏹。喪家即答以白紗布七尺（年來多把經濟學唸作透澈，只以小手巾充代）。中纏紅絲線，以表謝意。如死人已入殮，則毋須再送。喪家親密戚友便需幫助趕製死者孝服。死人如係老輩，須整夜守喪。次日始可入殮。若年青乃即日入殮。在入殮之前，須先乞水：孝男孝女均穿孝服，將錢二個縛紅絲線，一到井邊或河溪邊，將錢投入水中，然後汲水（此乃爲以錢購水之意），汲畢啼哭歸家，其遺族即竚立門前守候。待乞水回來。合同啼號入內。乞水既罷，再乞火灰。乞時孝男手攜竹筐。筐中放一米斗，倒蓋筐中，跪於距離喪家三戶以上之門口，而該戶主即將灶裏火灰，放於斗上。喪家答以紅燭一對，如是求乞三家不同姓之火灰後。即哀啼回家，孝女孝婦已在門前啼接，於是將乞來之水傾入新磁盆，與死者梳頭洗面，事畢續爲更衣。孝男乃立於庭前，脚踏新竹椅，頭戴新竹笠。笠插一紅春花。手執竹篙，將死者所欲穿之新衣 孝男或孝女一一穿於身上。（此謂套衣。必須死者親生子女）穿套既畢。以紅線由兩袖穿連後，將衣脫去，放在新米篩之上，再把竹笠拋棄屋頂。即爲死者更衣。事罷，用十二碗菜置於屍前祭敬，謂之「辭生」。菜有定例，爲紅圓，米糕，豆棗麻棗麻粢（一歲一粒）菜蔬。鹿脯等物（如有燒隨身庫錢者，即於此時延僧誦經）。至此，殮前之事告一段落，專待戚友買棺到家，（俗稱放板）柩將到家，孝眷身披孝服，在門前外跪接。一面備白米一包，乾柴二把，置諸棺上，到宅後始將是物取去，（此爲餓柴米而歸之意），棺蓋一開，切勿哭泣（此謂入大厝是吉祥之兆，須俟蓋棺後方可再哭）。是時應以錢百二個及銀放在死者手中，以斗承之，此即爲「放手尾錢」，留給子孫享用。并將所乞火灰，放置棺中。鋪以紙屑。乃將死者放置其中，死者入棺時，長子扶頭，次子三子扶雙手，媳婦女兒扶脚入棺，再以木主置於死者身上。呼死者之名。請其名附木主，然後將蓋蓋上。但蓋棺時須紅儀一包與蓋棺之工人。當釘釘時，子孫齊跪棺尾，請賢明之老輩「點斧」，宣吉祥語，例如「一點釘，子孫田園萬頃」，之類。子孫聞其言，齊聲應「好」。釘畢入殮。

返西方 貧者入殮後即行出殯，唯富者則否，須擇定吉日良時，再行出葬。是則停棺廳中，僱工油漆，晨昏祀以茶飯，至七日後，延僧誦經，設宴致祭，僧宣佛號，環繞棺柩而誦。孝眷尾僧打旋。此謂「返西方」，唸畢宴戚友而散。

殯葬 貧人入殯即葬，費用較省，唯自中等而上者，其出葬有日，屆時戚友齊往執紼，並僱音樂，魂亭儀仗或贈輓軸，以壯觀瞻。

出葬前設席致祭，稱爲「起柴頭」，喪家須具雙鷄，隻鴨，豬頭，五牲全席致祭，以爭體面，戚友以筵席香菓，或設祭路旁，棺材到此，須停留受祭，沿途放紙錢。及至中途，孝男須跪於賓客之前，以謝送殯，外客（死者親家）須爲扶起。棺至山上，因有人已先開壙，乃置棺壙中。卽將木主放於棺上孝男再請魂起來，向日跪下，放木主於背上，請望重德尙或老輩點主，點者稱爲點主官，以銀硃筆點木主，點時口中唸曰：「點天天青，點地地靈，點眼眼明，點耳耳聽，點主子孫興旺」等語。并揀墓中塗塊一塊，隨身帶回，并汲水一瓶，沿途斟滴，過橋或過溝隘時須呼死者之名請魂歸來，謂之「返主」。家人須全路口迎接，哀號回家，將木主放於桌上，墓土置於香爐內，燒香禮拜，至此殯葬告終。

超荐　俗稱「做功德」。荐以七日爲一旬，糊紙魂身及棹頭嫺（男女各一），排紙屛，謂之「結九蓮」，延僧道打讖，請客開弔。首旬曰「成服」：三旬謂女兒旬，所費多少概由女婿負担：五旬謂女孫旬，所有花費亦由女孫婿負担：七旬爲孝男旬，至十一或十三旬而後結束。乃謂「散飯」。是夜卽焚紙厝，除靈棹，完結喪事，惟居喪須經「對年」『三年』而後已。

三，壽辰

父母壽辰，兒子卽設宴款客，并備米龜，壽糰豚肩敬佛：女婿亦須具奉米龜，酒，肉等物：孫婿卽以壽桃，酒，肉，魚等爲壽：戚友多以壽屛，酒醴，炮燭豚蹄以及黃花魚之類祝壽。若碩望之人，衙衆有爲其懸掛紅采，以示祝賀，主人對之，則沿戶贈餽壽龜，以答雅意，如有演劇必須另演「謝采」戲一日，藉酬衆意。

四，生子

生子不論男女，三朝卽以油飯遍送親友，并將鷄蛋鴨蛋炙成包狀，及香餅炙油，連同油飯送往舅家，謂之報酒。舅家卽送鷄酒過來，而親戚在坐月中均餽贈猪肝，猪肚，猪腰，黃花魚或鷄酒等物。但只一件卽可。朋友間可不必，彌月開湯餅會，卽以油飯，豆腐，肉，酒，麵，祀佛，敬後分贈戚友。交情深者，卽送飾物，麵桃等物爲賀。四個月與周歲，均有同樣舉行，唯麵龜應加分別：卽彌月爲麵粿．四個月爲麵桃．週歲爲雙頭龜與枕頭包．有往賀者兒家應備沖飯，鷄蛋猪肉還禮，授物者應以麵線或大豆爲答．

五，契誼

交友一至形成莫逆，情同骨肉，遂多效桃園之結義，以作異姓兄弟（女即結爲姊妹），男人恆拜關帝爲盟主，以兄弟爲次序，每年聚餐一次；并於中秋節舉行餅會，或互通慶弔，此外，還有結父母會者，會員中之父母有喪，須以兒禮穿孝服執紼，并集資相濟。如果喪家富有，乃以該款僱聘音樂或花亭等，以添殯時觀瞻。間亦有拾魂轎，扛棺材者。唯此種契誼．多爲出諸一時興頭促成，後以人事滄桑，多所變幻，致形貧富懸殊，故鮮有終者，至於女子契誼，大都招集七人，稱七姊妹。妓女中尤多。誼式均同男人。此外尚有拜誼父母，唯多在幼時由其長輩主之．大概爲兒童養育不佳，間亦有憐友伯道，或慕對方之富，或交情深摯者爲之，既拜之後，每屆年節，須以猪脚花酒奉誼父母爲壽，誼父母即以衣服或飾物賞之。

六，年節

廈市爲華洋雜處之地，早經歐風薰陶：社會進化，堪符文明之稱．唯沿積已深之傳統性俗習，一時尚難盡除．此一時期，可謂新舊交織時代。故俗例之殘存，在所難免。茲將舊例風俗列後，俾旅廈者知所參攷：

正月元旦　履端肇慶，首祚迎祥，舊歷正月初一日俗呼新正．黎明開門，焚香燃爆．謂之「開正」．長幼拜賀，戚友相逢，便稱「新正恭喜」，「新年發財」等吉語相祝。敬戚友以甜茶．餽兒童以裹款之紅包或紅柑、瓜子等。晨起祭祀祖先，是日糞土不傾戶外，亦不得動刀斫柴。

正月初三　是日爲喪家消新愁（即燒新床）之日。凡在初一初二未到過之友家．是日應勿往訪，訪即不敬。

正月初四　凡奉佛者，其家必焚楮帛輿馬．謂之接神，該神係去年十二月廿四日所送。

正月初九　「玉皇誕辰」，家家戶戶，晨設香案，安排牢牲，米龜，香花淨菓，供奉玉皇上帝。間多初八晚舉行，敬畢即將米龜酵粿，互相餽贈，唯家有喪事者即停祭兩年。

正月初十「地誕」，是日不砍柴，不掘土，並以普通物品敬祭。

正月十三「關聖帝君誕辰」，商家及漁民均並祭敬。

正月十五「上元」，即三官大帝誕辰，金吾不禁，玉漏停催。是夜各宮廟俱燃大燭巨香，放煙火，跳火盆，演戲酬神。文化界即設文虎（即燈謎）於公共場所，任人代射。宮廟中幷置有米糕綢，泥孩兒，使男人求發財，婦女求得子。

二月初二「土地公誕」各戶均備牲禮祭敬，商家尤盛。

二月十九「觀音誕辰」一般婦女，均到寺岩燒香禮拜。

三月初三「上巳節」，凡泉屬五縣人，於是日均製春餅，祭祖先，掃墓地。

清明節　凡漳屬七縣人，均於是日製春餅，幷祭祖掃墓。

三月二十「天后誕」（俗稱媽祖婆生日），各宮廟多迎神賽會。

五月初五「端午節」，天中令節，地臘之辰，家家懸柳枝葱蒲艾，以除疫氛。中午飲雄黃酒，以辟邪氣。製粽相餽，汲午時水浴身，謂可不生痱子。海上龍舟競渡，係弔屈原之溺。游人僱舟泛海，頗呈逸興。

六月十五「半年」，家家戶戶搓米搵，祀神祭祖。

七月　俗稱「鬼月」，由初一起稱「開地獄門」，放出無主鬼魂，以受陽人致祭。民間設孟蘭盛會。至月底「閉地獄門」止，市內各街，分部份次第輪流設席祭祀無依孤魂，名曰「普度」，以其祭品宴客。

七月七日「七夕」。銀漢橫秋，翠梭停織。人間穿乞巧之針，天上會牛女之日。是夕，拜七娘媽者，以花粉，油飯等祭敬，富者則燒紙糊七娘媽亭。

七月十五「中元」，是晨敬三官大帝，中午祀祭祖先。

八月十五「中秋」。秋色平分之夜，清光萬里皆同。市民多購月餅相贈，各家以番薯，芋頭祭土地神。夜間以月餅敬月。一宵皎潔，四海澄清。

婦女多焚香佛前，竊聽人語，以卜休咎，是曰「聽香」。

九月初九　「重陽節」，九月風高，孟嘉落帽，塾師以栗子糕粿祀魁星，家庭即以此粿敬佛。學生多到山岩登高。

十月十五　「下元」，是晨敬祀三官大帝。

冬至節　一陽始復，六律初調，各家均製糰子，（菜包）祭敬祖先。

十二月十六　「尾衙」。均祀祭門外各無主孤魂，家庭并敬祭各神。商店對於夥計之去留，多於是夕取決。自是日起，各商店互相會賬，以便追欠。

十二月廿四　「送神」。各家均祀灶送神。

十二月廿五　「天神下降」，各戶燒香迎迓，是日不能向人索債，意恐被天神知其欠債；並禁殺生。

十二月廿九卅日　「除夕」，迎新送舊，蓋在此宵，家家各粘門聯，炊蒸年糕，祀祭祖先，設爐於棹上，團圓聚飲，此日「圍爐」。各商號均以花紅犒勞夥計。

七，方言

各地有各地之俗語，音韻不同，意義互異，外方之人來此，聞之難解，爰釋其義錄下，俾知梗概。

小	謂患神經	山猴	鄉下之氣
坎	人戇之謂	火烏	好管閒事
七桃	游玩之謂	光眼	極其聰明
小神	開心之意	古錐	嬌小活潑
夭鬼	駡人貪食	心適	極言趣味
有泡	頗有本領	代志	事情之謂
有板	工夫到家	凸風	好講大話
白賊	好說謊言	手槍	輕浮好事
看頭	爲人保鑣	歹譜	謂惡習慣
含參	得意之謂	歹狗	匪類之人
三八	似癲不癲	利眼	眞有意思
舍敢	汚辱累人	拉榮	極端無謂
莫攝	揑造虛詞	碗糕	沒有其事
展空	好作大言	無空	貧困之意
變空	窮極思變	有空	富者之稱
皆再	幸虧之意	風車	好說大話
亮板	表示歡喜	衰神	倒楣之至

俗禮

步數　計劃行事　激骨　故意蠻拗
破相　殘廢之謂　狗鯊　垂涎女色
靑臉　容易反臉　欠采　也許之意
畏寒　不怕害羞　撇奢　爭論不息
冷館　有失興緻　含漫　笨拙之謂
食聲　冒認人物　母形　男人女態
有講　閑來聊天　設仙　誑語戲人
刺蝶　好干人事　番太　不明事理
咬舌　懷恨在心　屁面　不認已賬
鱸鰻　匪類之徒　無消　謂不願意
過面　敷衍了事　淸火　爲甚快意
識主　愚昧之人　吐麵　事情弄破
變鬼　暗中作祟　應卯　塞責從事
變相　個性轉變　置毒　佯作不知
頭兄　領袖之謂　連回　放浪形骸
魔公　賭鬧行爲　哭父　罵人吵鬧
宋鄉　貧困之謂　放朝　揚言恫嚇
銅貢　鹵莽十足　變蛟　玩弄奇巧
着磨　辛勤勞苦　乾杰　稀少之謂
邦敗　作事失着　凍霜　慳吝狀態

無采　可惜之意　鋪排　極其客氣
有景　猶實趣味　隙四　言人難看
好空　得到好處　大閱　自命不凡
塗脚　地上之謂　孝釜　傻里傻氣
天吻　欲爲不爲　稱彩　馬馬虎虎
解衰　强者凌弱　尪某　夫婦之稱
國鱉　不認已錯　龜怪　不與同好
排只　人前誇耀　荷老　稱許之謂
骨力　謂肯操作
哭東舍　怨懟之聲　塞地隙　阻礙位處
衆公媽　無主靈魂　大官虎　官居高位
小七面　討好女人　仙拚仙　各顯技能
虎伯母　悍婦逞兇　三人三　當面作事
鬼扛鬼　互鬥機巧　偷食肉　暗取便宜
一粒一　再好沒有　狼狽胚　敗家之相
驚絲脚　不能安穩　無頭神　善於健忘
二步半　趕速之意　請甲辭　拒絕之意
鴨形聲　聲啞如鴨　戇大猪　獃子之人
好鼻獅　嗅覺靈敏　使色水　大發皮氣
排頭爹　阻礙行人　打嘴古　談論笑話

加卑勞 倘無頭緒
孔宣攜 寒酸氣概
君豬胚 嘲看子壻
摔後炮 暗中取勝
有准無 不在其意
五支鬚 愛好漁色
觸衰鬼 敗人采頭
觀三色 相機而動
歹嘴斗 擇物而食
啄死鱟 巧術得利
半頭青 愚笨之人
烏屎臉 嘲弄女色
假鷄頭 大哥自命
做一下 合作起來
弄狗熊 揶揄之謂
食太平宴 坐享其利
牛牛除除 傻氣十足
拏龜走鱉 顧此失彼
騎雙頭馬 謂為跨牆
無某無猴 無可掛累

苦重苦 鉄定不移
手爪賤 好竊人物
罵三代 罵人祖先
兩脚褲 譏不穿裙
十一叔 孑然一身
無半刣 一無所長
大面神 恬不知羞
頭目鳥 領袖別名
無底褲 侵款過多
無相干 謂不要緊
不挼一 有時停頓
大草函 食量很大
五爪龍 掌指爪人
狗肉相 助強侮弱
半桶屎 不文不武
謗死番仔 張大其詞
無空無損 毫無意義
賊甲悲人 無理逞強
做賊做鱟 專好行竊
三長二短 不足之數

拈香帝拜 做人行動
搭不見天 置之不理
火龍火馬 急速之意
牽狗落湯 無法說服
無字無眼 毫無興味
不答不七 不成事體
親成五十 親戚人等
拳頭砧胚 蠻不畏死
牙曹歪風 罵人多話
挽瓜揪籐 跟蹤追究
食屍揣骨 選擇過精
無鬚老大 青年和事
穿虎[illegible]鞋 幼年交誼
臭頭鷄仔 討厭於人
搖金葫蘆 以女居奇
老猴守洞 獨坐房中
猴食薄荷 譏學抽煙
與虎借胆 大胆胡為
送肉飼虎 不可寄託
雙面刀鬼 左右圓滑

莎麩狗頭 謟笑之顏
老馬展鬃 晚景發達
王哥柳哥 不正當人
猴咬斷索 喪失回家
返青換熟 作事無恆
嘴尖舌利 善言巧語
騎王爺馬 侵人財物
孝男孝篤 愚笨無能
張三脚繚 準備逃走
拔甌摔碟 盛怒毀物
無知無東 不知所以
攑順風旂 人云亦云
鼻流鼻滴 無法收拾
咒身餧命 自怨自艾
食無屑齒 白食無賠
鴨仔聽雷 不知所云
奢龜弄甕 斥人胡鬧
奢熊拌獅 無事攪擾
食飽換飫 作無益事
歁土深掘 可欺再欺

太膏爛豬 汚穢不堪 破鼓救月 利用廢物
四九日烝 憂容滿面 屎要比醬 賤不比貴
食大胆藥 冒險作事 有水無汗 荒唐不經
打虎捉賊 四處追尋 未肥假喘 大排架子
飫蜞相軋 窮人搶食 劃痕行路 守規蹈矩
鬼甲馬哭 言語不通 無某抬枷 自討煩惱
寃鬼拜正 命運不吉 有路無厝 識人窮困
賣貓假窮 故作窮相 墓邊撒鼻 罵人多嘴
近廟欺神 舍近求遠
出門無認貨 不能退還 輸人不輸陣 決不示弱
要湛不要糜 自顧不暇 螻蟻拜天地 盛意難忘
老人成小子 老似嬰兒 有龜不食鱉 得甘忘苦
烏龜假大爺 狐假虎威 手中心拚火 孤注一擲
無米兼閏月 窮人患事 咒誓別人死 貽害於人
拉秀才挑扭 不能稱職 象管接牙柄 得隴望蜀
着走馬天罡 奔走急焦 左手打右手 自相傷害
雙手閘片姜 兩手空空 銀白心肝烏 見利忘義
相尊食有春 互讓有餘 鳥腳蜘蛛肚 形相難看
紙牌不動風 善察機宜 有天無日頭 寃枉之事
歹竹出好筍 愚產賢兒 江魚一水肥 有時發達

鼻流不知銃 不知自檢 春梅害虎兄 責人相誤
賤米在高州 求之不得 竪枷自己夯 自作自受
老酒沉甕底 好物任後 舊囚食新囚 老者欺新
船過水無痕 不懂人情 牙曹王顯聖 口福不淺
隔河千里遠 渡水艱難 滿臉錢串痕 嘲人愛財
笑窮無笑賤 趨炎者多 紅面快落籠 怒不著怨
慢鈍食無份 遲緩難成 老征插少婆 老愛少妻
十藝九不成 好奇難成 好貓管自家 好管人事
多牛踏無糞 多難成事 眯暝看告示 不識假識
食甜憶鹹鹽 嘗新憶舊 溜溜食日周 識時而返
動嘴不動手 言勿動手 抹壁雙面光 左右圓滑
惡馬惡人騎 強人逢強 二猴拔腰空 兩人皆暢
頭殼戴烘爐 興致勃勃 隔壁吹燈火 干涉他人
草猴弄雞翁 不自費力 半路折扇挑 中年失妻
飼狗咬主人 傷害自已 傳聽勿發粟 必須警惕
嘴齒一米蘿 食嘴衆多 狂狗食無糞 性急難成
老鼠拖稱錘 牽累極多 扶起無扶倒 助強凌弱
順風推倒牆 乘勢成事 松樹王上天 不識要人
豬屎籃結綵 裝飾不配 衫長手袖短 彌補不足
洗面礙着耳 語傷傍人 死貓吊樹頭 罵登樹者

耳空塞破布 置之不聞 弱人當地保 弱者好事
鯽魚釣大代 以小得大 猪母肉有嚼 頑人難馴
吊肉跌死貓 見而不得 水漲到咽喉 事已臨頭
蛇空透水窟 朋比為奸 豆豉粒折平 極言節儉
缺嘴與鬍鬚 庸人好言 閹雞趁鳳飛 學熱熱子
嘴飽目不飽 貪食不厭 羅漢請觀音 合宴一人
鴨母嘴罔叨 姑妄為之 你請我無閑 拒絕之詞
豎壁魚放屁 臭氣冲天 伸手蹶着燁 無處借貸
虎頭老鼠尾 有始無終 理髮店罷工 謂無你法
死狗放水流 罵泗水者 供枉無覺黨 指鹿為馬
割肉一頓痛 決心犧牲 天東假大辦 自稱大方
米甕笑樹魏 均是臭物 驚鬼看目連 既怕勿來
過時賣日曆 做事落後 紙不能包火 示人以短
無話講加老 談非實事 伸手與人相 示人以短
含浸兼偷食 拙不守份 佛去知佛聖 人去知善
五分仔五分 不相上下 無粮思上樑 思入非非
告贏好狀師 僥倖成功 喝沸吃飯粒 慫恿他人
女婿看做兒 誤優為劣 貪字貧字殼 貪心吃虧
了錢無布目 白費錢財 水鬼升城隍 小人得志
隱龜戴石枋 勉強從事 啞子壓死子 苦不能言

絲線吊銅鐘 危險高分 交官窮交鬼死 攀高不得
做娘快做嫺難 下人難做 老婆無空厝間 難離家門
食官飯聽官差 盡份內事 叫乞食婆安嬸 呼援無從
菜快食行興修 善人難為 搥驚死放驚飛 躊躇不決
送嫁較水新娘 賓勝其主 三七講四六聽 虛詞難信
會呼雞袂噴火 喘息難定 歹錢是瘦助分 弱者受罪
錢無二個不響 兩不相讓 草地發靈芝草 美生荒地
嘴食腳川坐額 貪食致瀉 一錢打四八結 慳吝異常
四兩筐仔無除 反不自問 客鳥報不着喜 誤傳於人
金厝塊銀厝角 自高其價 好柴無流過溪 好物自用
白白布染到烏 被誣難言 相打無過田岸 不相上下
自己狗咬無黃 勿計短長 西瓜倚大小平 趨炎赴勢
先小人後君子 言明再做 目眉毛搬不起 不識時務
悻悻播雞毛請 洋洋自得 老酒倒在舂臼 已用讓人
放麵線去揉鴨 終歸於盡 父一頭母一担 不肯累親
白目佛聖外境 捨親就疎 猛虎莫對猴拳 雖強難敵
老鼠走入牛角 自走絕路 蝎無腳不行路 須賴衆力
虎耳草伴盆景 以賤自譏 打狗帶着主人 姑寬其事
未放屎先呼狗 未成先定 先生緣主人福 僥倖成功
一樣生百樣死 事不可定

禮俗

三更窮四更富　賭徒暴發
抾生帶累媒人　錯怪了人
偷拏鷄無稱重　不計多少
死罪無餓罪重　性命要緊
做戲無雙棚才　難兼兩職
有出錢無扛輦　出錢無權
討種較好絕種　嘲人偷漢
長成長短成短·衣冠整齊
魚凡魚蝦凡蝦　勿相混亂
食碗內說碗外　叛親助人
戶碇較高門楣　丟臉而出
倩人哭無目屎　僱難盡力
做娘叫做簡差　虛有其名
前人餓死後人　受人影響
貓親成狗斷路　餽送看物
龍交龍鳳交鳳　階級分清
三時風二時雨　事難逆料
偷拏貓照實說　誠實說話
面皮較厚城牆　不畏羞恥
牛無食過岸草　安貧守份

未生子先表名　未成先定
孔子公不值錢　文人末路
打倒米不有舂　失反多得
水着有一路透　留地於人
歟猴變成歹狗　轉弱爲強
偷割稻舍施粥　非已與人
一杯酒請百客　僅表敬意
三句有二句有　冷語刺人
三人請五人扶　爭相奉迎
情理跌倒泰山　理直氣壯
井欄看做石臼　太過誤會
會好抾挑粗桶　終成無用
入吾門趁吾法　入風隨俗
三年官二年滿　事非永遠
人驚人賊驚賊　各有所畏
打折手骨倒勇　失而反得
前門入後門出　不守婦規
笑人貧怨人富　嫉妒乃爾
一世官九世寃　居官有錯
飼老鼠咬布袋　養成爲竊

做烏龜困廳邊　自已甘愿　餓不死漲不肥　平淡過日
吃水着用箸夾　生活困難　豬仔食別人糟　貪人之物
食父飯穿母衾　安樂自如　有棺柴無靈位　虛有其名
穿烏衣佔烏柱　各爲其黨　有落種望收成　栽則有望
一樣米飼百樣人　人類參差不齊
一斑二矮三虬毛　此種人靠不住
一隻牛剝二重皮　苛求難以應付
一時風駛一時帆　須要隨機應變
三千年一過海漲　謂機會不常有
一値人一枝脚鬚　比不上於他人
不關鷄母打杳藥　不約束反怨人
大石也着石亞擎　勿以無用忽之
六月芥菜假有心　無情人假有情
仙人打鼓有時錯　人不能無過失
月雖光難曝得粟　女人有才無用
四兩人講半斤話　窮人好說大話
歹話當做好話聽　惡言亦能承受
兄弟分開五服外　兄弟分家便疎
有錢使鬼能挨磨　有錢不怕無人
有錢人乞食性命　富人畏惜性命

有落種便有收成　有用功即有望
有燒香自有保庇　有運動即有益
打折嘴齒含血吞　吃虧不願叫苦
安埔齊見天袂哮　臨事靜默無言
別人脚村做面皮　以人物爲已有
老命配你淸肉湅　犧牲性命與抗
老狗記得久長屎　喩記憶力堅强
老虎咬人不收血　作事不能善後
老虎行路不著眠　老練難做錯事
老鼠關在粟倉內　反予以好機會
老鼠哭貓假有心　無情而假盡情
死蛇較貴烏耳鰻　劣物更售高價
坐人船愛人船走　任事望人發達
坐罔坐看命要錢　有事便要酬勞
好好鱟刣徼屎流　好事竟然弄壞
好好花插在牛屎　美女子嫁醜夫
孝男興土工行禮　彼此不知禮節
犯天譴莫犯衆議　極言衆議可畏
狗頭滴着烏麻油　傷痛胡亂奔走
香着過爐即會香　易地方可成名

食鹽較多你食米　閱歷較你富足
訂你講不訂人聽　否定其人說話
活馬縛死將軍柱　有爲人被牽制
做天也不當人意　喩無完善之人
做狗不認路食屎　責人不守本分
烟火好看不賴久　富貴宛如曇花
唐與宋無同朝代　彼此不相關係
乘到爬上頭壳頂　喩人溺愛過甚
拳頭放在手袖內　不願顯其所長
眦瞑杏某認錯墸　譏誚錯認了人
娶某容易飼某難　娶妻易養育難
脚踏馬屎傍官氣　小人倚勢自豪
麥芽膏愈拔愈長　說話愈說愈長
眞仙難救無命人　病重無可救治
馬四脚也會着簡　有時亦能失勢
掠虱母起藤牌槍　小題豈可大作
第二報無草鞋禮　後報無可酬勞
細膩貓踏破厝瓦　明伴畏暗亂來
細膩杏某走過社　同　上
菜瓜貢狗去一長　損失已經過半

禮俗

過橋較多佅行路　閱歷富足於人
賭博郎君買賣賊　賭時闊購時貪
愛食狗勿得狗死　怨之莫其能死
齒痛方知齒痛人　苦人方知人苦
餓到胸坎成樓梯　極言久餓之狀
薄茶冷酒老杏某　俱是傷身之物
鬬到頭毛糝鋸屑　形容久囚之苦
勸人賣子減頭嘴　譏刺勸人賣子
識禮無子壻可做　具才而不得志
識識人買漏酒甕　聰明人做錯事
戇狗想食豬肝骨　癡人空自妄想
一人傳虛百人傳實　多人之辭無盡
一個半斤一個八兩　兩者不相上下
一歲成根百歲朝老　性癡難以更改
人要人皮樹要樹皮　喻人多顧體面
十個臭頭九個破豆　喻小善人機警
十下鐘不到一下鑼　雖多亦奚以爲
九領牛皮做一次剝　清算從前積案
三分姿娘四分打扮　婦人端賴妝飾
三廳官難判家內事　家事複雜難明

三日討魚四日曝網　譬喻青紅不接
三代粒積一代傾空　久蓄毀於一時
千日造船一日過江　成功難而用易
大狗盤牆小狗看樣　上行而下仿傚
乞食婆自稱好身命　自謂不弱於人
太公釣魚願者就鉤　不強求取於人
日莫講人夜勿言鬼　念其人竟自至
孔子公不收隔夜帖　不敢事前許人
歹司公遇着好日子　庸人幸得巧遇
打虎拿賊着親兄弟　臨危方知至親
好臣未刣台下不散　人心嫉惡如仇
各人討米各人落鼎　不須互相幫忙
行船走馬無三分命　俱屬危險事業
娷生某且食飽相看　少夫婦難離開
赤腳逐鹿穿鞋食肉　勞碌爲人造福
竹篙量布價錢走絕　一分錢一分貨
光刀易閃暗箭難防　陰險難以預防
招夫養子勢出無奈　此乃時勢所迫
招郱招軍打郱打賊　請來又再拒絕
要去烏陰不去無米　勞動者生活難

套某子替老母轉臍　少能代老之勞
拏奸上床拏賊上贓　凡事必須憑據
前棚傀儡後棚老戲　極其鬧熱之至
前人栽樹後人蔭影　作事有爲後人
做惡做毒騎馬的鶩　惡人竟然富貴
做賊一更守賊一冥　賊人難得羅獲
家蚤做事連累虱母　做事每欲累人
家裏無貓老鼠翹脚　主不在人胡鬧
將是將才丑是丑局　賢愚自有分別
紅柿好食對那起蒂　凡事須念前情
眦瞑也有目光通牽　愚亦有人指導
猪仔打死思量價錢　事後方才說出
頂唇敎子下唇子乖　指示前車可鑑
强房人做弱房生理　喻惡人做龜鴇
買賣算分相請無論　買賣應當照法
成狗上灶盛子不孝　溺愛致子不孝
尋因外媽食清頭麵　譬喻其人已死
裝神成神裝鬼成鬼　做事認清身份
猴罵乞食乞食罵猴　譏刺互相不服
敢開飯店不怕大食　商人歡迎顧主

新例莫設舊例莫除　必須保守舊規
新來媳婦月內細子　兩者不可過寵
隨人生子隨人表名　譬喻各不相干
嘴與舌有時會相囃　雖親亦能齟齬
膏藥是眞拳頭是假　一事引證一事
點燈有份分龜跳坎　有義務無權利
廣東目鏡在人合目　眼光隨人而異
鯽仔魚食着油鑊水　遇到不得了事
麻兮奸臣鬍兮不仁　罵鬍子與麻面
覽覽馬也有一步韃　無用亦有一技
一百賖不値着八十現　凡事務求現實
一錢二言三美四少年　嫖客應具資格
三錢低[illegible]栽四錢嘴鬚　勿須過於鋪張
八仙過海各人展神通　臨事各盡所能
千銀買厝萬元買厝邊　必須擇鄰而居
千家富也難蔭一家貧　不能長期相助
未三寸水就要爬龍船　無能欲做大事
老鼠走過溪人人喝打　惡人均犯衆怒
見着櫃仔頭就抱地哀　糊塗不察細故
用別人拳頭母舂石獅　不慮慷人之慨

名勝

鴉片膏八絡索剃頭刀 均是自殺之物
錢若不趁借哥做馬騎 不賺錢聽我便
鷄屎落土也有三寸烟 雖弱也有血氣
一壺金魚不堪兩尾中班 惡人能亂善人
一日新娘嬰二日新娘粡 初忠厚久不然
一個山頭出有一隻鷓鴣 各處均有惡人
十二月工無閑通梳頭鬃 事忙難以裝飾
三年水流東四年水流西 世態變幻莫測
猪刀利利賺錢不過後代 賜屠戶之得利
無食肉也有看見猪行路 雖愚也能曉理
上山也一日落海也一日 必須一日之工
大工一下指小工磨半死 長開口幼奔勞
大工無人請小工不顧行 大難成小不就
山頂無好叫山下無好應 惡語報以惡語
不怕千人見只怕一人識 難騙智識份子
五百人同軍五百人同賊 善惡處處有之
父母痛幼子公媽痛大孫 長輩人之心理
父健母健不値着自已健 不可依賴於人
鴉片本是塗食了眞糊塗 喻鴉吸食鴉片
夫妻保老不管外家死絕 保已之心太重

勿煩惱十三代孫無米煑 何必過於憂慮
譬如東西塔倒如洛陽橋 譏人身體過長
死貓吊樹頭死狗放水流 處置死畜習慣
有姑是姑丈無姑野和尚 姑已死丈他人
有蝕本財主無蝕本轎夫 勞動者不吃虧
有食有食縛無食亂主醫 視酬金而工作
好子好七桃歹子不如無 賢固好惡須廢
看人食肉不可看人破柴 凡事應避危險
守要守得淸嫁要嫁得明 規婦人勿曖昧
若當主人意便是好工夫 合主人意即好
食人頭鑲酒說人頭句話 凡事均佔上峯
討錢師傅遇着欠錢大王 感覺索債之難
刣狗也此身拜佛也此身 到底均不裝飾
常見官不畏常食酒不醉 習慣成爲自然
猪仔飼大不認猪哥做父 不感提攜之恩
猪母近戲館邊也會打拍 常見亦曉一二
棚上有戲兩棚下有只人 凡事無奇不有
惹能惹毋不可惹赤查某 極言悍婦難犯
一代賢一代癲一代掛鉄鍊 後進每況愈下
三日風三日霜三日大日光 風雨推移無定

三日無偷拏鷄就要做老大　無過耍管他人
也要食也要穿也要零星用　極言家費繁重
土地公無聻號虎不敢咬人　上暗示下欺凌
偷拏狗苙賊偷拏貓是骨为　貓兒人人愛護
家內有菩薩去拜別人觀音　極言舍近求遠
自已佩黃金替別人看風水　放已事做人事
緊紡無好紗緊嫁無好乾家　欲速難求其精
有人救李世民無人救秦叔寶　助人易助已難
男莫學百里奚女莫學買臣妻　勿學不義之人

●名勝

公園精華半被毁，觸目荒涼勝蹟景物多依舊，猶堪遊履

一，概述

廈門雖為蕞爾小島，然山水之明秀，名勝古蹟之多，早為中外各藝術家所讚賞。公園有中山公園，虎溪公園以及鼓浪嶼延平公園三處：名勝分大八景，小八景與景外景。錦繡烟花，盡情到處皆是；無邊景色，詩意仰俯可得，猶以中山公園巧奪天功之雕鏤築砌，古雅幽絕，被譽許為全國近百之公園中，僅次北平頤和園。唯自敵騎蹂躪本市之後，園景精華，與虎溪，延平二公園，全被凌夷，幾至淡跡！諸山勝蹟，幸有寺僧照護，故均不失舊日雅觀。至於久年湮沒之「探穴怪光」，「霞溪綠竹」，「風動舟石」．「水仙浮詩」，「廣福朝陽」以及「桂洲昆池」等景概無刊入。茲將健存諸勝詳臚於下，俾過廈行旅，知所按址尋幽，以微雅人考古韻事。

二，中山公園

中山公園位市之東北隅，全園悉係藝術結晶而成．創建於民十六年秋，面積達一百四十三萬六千七百零五方尺，計費百餘萬元之鉅，園中美景多出天成，復加人工苦心設計，何怪游人至此，怡然神曠，竟流留連忘返。

園之佈置．分為南北中三部．周建正門四；由市來園游人，多從南門進出．故南門之築造．極壯觀瞻。步入是門，多青兩列，中央洋灰坦路，導人漸入佳景。門左為網球與籃球場，再進有亭，至此稍憩

，有小使揭徠品茗。門右爲濱水池，池中湧起一顆地球，球上耽立雄獅作欲吼狀，球下飛鷹四頭，展開雙翼，作翺翔之姿。四圍綠草如茵，青松數株，屹列其間。

沿入門坦路行約百武，有高偉紀念碑一座，橫阻路間。路遂因之分左右二道。碑後即爲可容二萬餘人之廣大運動場；場之中築司令台，場右以精工雕鏤之六角形音樂亭，於市淪敵期間、被拆毀爲燃料，今祇殘留石基，平添遊人不少惆悵！場之四圍，綠樹環繞，秩序井然。場左水門汀路，隱藏茂林濃蔭之中。路之盡處則魁星河，全長約三百尺：東折溯蓼花溪之源。沿河柳暗花明，河中架有短橋，貫通橋北。河心築水榭亭，三面臨水，周際繞以欄杆；亭中所有玻璃牕，於僞政府時亦均被挖毀一空，現經稍加修葺，暑季經營冷食。亭右爲琵琶洲，與水榭并列遙對，建砌功整，儼然琵琶漂浮水面；所憾空剩斷瓦成堆，不堪回首話舊。

迂行至園之南，此一帶之天然美色，係由前道署及魁星山之所；古木參天，奇石巍峨，成爲南部全景之主，名人顯官，多留墨跡於石上，俱爲筆力矯勁佳構。山下建『留芳閣』，或稱「揖翠山館」，爲游履必經地，惜早經夷爲平地。跨過「湛碧」圓門，右有釣魚台及收音機台：美景大成，誠爲情侶談情大好去處，此亦即南部之大觀也。

中部溪沙蓼花兩溪，環繞南北，地勢低於南部，樹木亦稀，悉賴人工穿鑿，鹽草河即其主景。河之東西兩端，分鑿小河，通溪沙北岸，左右均爲花圃，中跨畫橋，可通北部。而溪水合荷蓷河之水，下汪魁星河；曉春橋架於河中，橋下弧孔可通游艇。橋端有綠色圍牆，環繞菜圃幾畦。續前即見鐵欄橋一座，達園之西門，通俗教育社即在橋前，市立幼稚園與公園辦事處，即與該社隔河遙對。將至西門，有圓形大噴水池一，橫陳其間，假山一座，突出池中，巍然挺秀。嗣即步近高可四十餘尺之西門。

東門有國父紀念碑，高五十五尺，係紀念國民革命史略，鐫有國父遺訓；碑下四周皆雕名句，環以圓形石欄，縱紋璇耀，極盡壯觀。此乃東部景色梗概。

東門右方屬北部，有妙釋寺及荷庵東嶽二廟，寺奉三寶香煙不絕。寺後有八腳亭，亭南有寬敞講經堂一，可容聽衆千人；堂後蔬園數畝，翠竹幾株，點綴成趣。寺鄰爲動物園，園邊石路盤處，一圃如錦。動物園前有三脚亭，一通東門，一達陳祠堂，一抵動物園。經陳祠堂（堂祀陳文龍公）。前路綠草如茵，樹木青翠欲滴；繞至祠堂之後，有石聳起，石山築六角亭，登亭眺望，萬綠叢中，嬌紅數點，盡收眼底。祠左有綠竹雁序之岸，跨彩虹橋至北門。門仿歐西凱旋門式，唯上築門樓，乃爲明朝格樣，堪謂中西合璧之門。門左卽東嶽廟，又名地藏寺，沿岸垂柳權籬，前有柴橋一座早經湍流衝毀，竟成此路不通矣。

三、大八景

洪濟觀日（大八景之一）

洪濟山離市井廿五里許，爲廈門最高山峯，拔海一千餘尺。當雄鷄三唱之後，登絕頂觀看日出，洵有奇景，故稱「洪濟觀日」。

由廈市乘汽車直抵山麓，步登斜坡式之破碎車道，蜿蜒前行，經過幾次轉迴，山勢益見巍峨；行約二里許，始至山腰，卽見一片綠蔭，中夾漫長羊徑斜路。舉步入陰森盤道，景色幽秀，彷彿別有天地。最有趣者猶以清流湍急，曲折多姿，眞是「萬樹幽松依曲徑，一泓清水出深山」。沿途峭壁危崖，多鐫名人墨跡，益添無限詩情畫意。

亡何，跨進「雲頂岩」石檻，漫步夾長石埕，舉目而矚；門額上題「廣方寺」。中奉三寶引佛。寺之旁際爲「留雲洞」，洞左危石一方，形成穹窿，名「一片瓦」，瓦上「六月寒」石洞，陣風颯颯，冷氣侵人，大有六月生寒之氣象。出山門，卽「風動石」，「星石」。再行數武，巨石屹立，一彫「天際」，一刻「龍門」，筆勁而有力，乃宋朝文天祥侍幼主，登咋咯之嶺至此，揮題「龍門」。後廷池顯左有首龍門詩曰：「翠壁丹崖不可攀，石門龍過海風寒，擎天力薄孤臣死，唯有留題墨未乾。」

停步望罷，拾磴續行，約里許，卽觀日台在焉。台以石砌成亭，爲鄭成功據金廈二島，抗天下全師時之「瞭望台」。置身此間，宛繫九霄；疾風颯至，飄飄欲仙。矚目四圍，整個鷺島，被困碧波；南北之泰武山，若無岩巒；東西北擔浪入天際，實符「危亭望海千里碧，曲蹬盤雲萬象低」之對聯。而無數岩峯，猶如流星亂點；廈門市區，宛若盆面態狀。禾山一百零八社，歷歷可數。身至是域，萬慮皆滌，誠可謂「隔絕塵緣別有天」！

鷄報起望，星曦濛濛，登台向東，無邊碧水，幻成紫濤；銀白濃霧，掬獻光芒一團，火紅朝陽，滾滾從水中起；萬道紅光，瀲灧奪目，鱗鱗波濤，頓成璀璨浪痕。時殘月一輪，正向西邊墜落，兩相交輝，洵屬奇觀。明朝池顯方特爲此描寫一絕：「岩壑沉沉漢尙橫，非雲一縷萬光生，偶偕殘月同時出，遂使餘星不敢明。晝夜欲分天未定，大金相盪海難名、入間猶作五更夢，僧已朝齋罷磬聲。」

陽台夕照（大八景之二）

陽台山位於市之東北角，行二里許而抵。與山邊岩毗鄰。巉巒聳秀，氣象奇岩，爲廈市諸山之冠。清泉一縷出自萬山疊壑，蜒蜿而流，止於帶溪。山下荒丘一片，朵朵山花，隨風擺蕩，點綴黃沙之上。山脈終點，有怪石高踞，狀若烏首，是稱「烏鴉下田」。幾株松柏，依石挺立，每當夕陽西下，翠鳥歸巢，錯亂聲音，衝破落寂羣山；此時落日紅霞，反映赭黃沙土，襯配翠松頑石，堪稱一幅絕妙天然畫面。故有「陽台夕照」之稱；名人且曾爲此景題一絕：「幾樹村烟鎖亂鴉，晚峯落日襯流霞，陽台半作黃金色，烘過山坡髓髓花。」

五老凌霄（大八景之三）

五老峯居市之南方，約有五里之遙，五山峻峭，崛起海隅，氣象崢嶸乃有「五老凌霄」之名。行盡思明南路，越南普陀路，即見綠樹蓊籠之間，有一巍峨殿宇，半被掩蓋。靈嵐碧障，層層疊翠，白烟朦朧，縷縷浮縹，此宛若仙境之域，即負名東南之古刹南普陀寺也。

寺之前爲放生池，養有龜鱉魚族至多。跨天王寶殿而入，即有「龍華三會」中之彌勒佛，笑容可掬，酷如歡迎遊入；兩傍分站金剛四尊，高近二丈，怒目圓睛，威嚴可怵。彌勒佛之後，置一金色韋陀爺，其降魔杵直指地面，表示此寺乃爲十方常住之所。庭中兩傍鐘樓鼓樓，巍然相對；且有假山兩座，築砌得維妙維肖。拾蹬大雄寶殿，中供千手千眼之觀世音菩薩，森嚴雄渾，令人祀敬。兩廊有十八羅漢，神氣活現，栩栩欲生。再進即爲一座八角式之「大悲殿」，高二三丈，皆以細木鑲成，偉麗堂皇，至具藝術價值。殿後爲藏經閣，閣上乃玉佛殿，殿後一亭，石壁鐫有古人詩詠，此即爲五老峯之起點。

奇岩起伏，遍插青松翠柏；，陣陣花香，隨風沁人心脾，身置此境，彷彿入蓬萊然。柺石橋而過，拾級行數十武，迎面崗立一石，鐫一丈餘見方之大「佛」字。從羊腸小徑躡磴再上，左爲「普照寺」，右爲「蓮花洞」，盡處爲「兜率陀院」院內一蓄水池，穹窿之處，滿種青蓮，名稱「阿耨達池」；流泉潺潺，若奏梵音，清甘池也，爲供全寺之需。院側爲「須摩提國」，係利用懸崖之石壁造成洞居，涼風習習，爽人肺腑，炎夏處此，噤然欲寒。其右即爲「阿蘭若處」，係習禪之清靜地。院之左有台一，名「太虛台」，中雕「海天曠覽」四字，登台遙眺，近山遠水，盡收眼底。宋滕翔感此而詠一詩，曰：「海翻波浪繞羣峯，無盡岩前此界空，不是灰心求佛者，片時難在寂寥中」。

萬壽松聲（大八景之四）

萬石岩又名山邊岩，距市肆二里許，位陽台山之東。巨石亂疊，自成一洞，名「松聲洞」，洞隙伏於翳茂松林中，其中古松一株，高聳入雲，猶如寶傘張蓋，風吹松舞，謖謖交響。如驚浪怒濤，起自高空；飆捲驟雨，來自天外。洞中靜聆，實具有新奇佳趣。故洞岩上雕有「萬壽松聲」之句。其右爲佛殿，供奉三寶。左即「圓通古洞」，乃以懸崖造成，中築土山一座，用供萬佛；洞後又有一洞，名「朝陽洞」，爲夏日避暑勝地。

虎溪夜月（大八景之五）

虎溪岩距市里許。過公園南路，行經虎園路，迎面即見巨石一方，勒「先露一芽」，此乃虎溪岩是也。

沿幽邃曲徑躡級而升，滿目巨石嵯峨，盡皆奇險天成，步至弓形石橋，抬首一望，峭壁雕有「漸入佳境」四字，果是古榕蓊鬱，高橋摩天，步步引人入勝。踏進岩門，立見兩顆碩大崖石，上下相壓，中匝以石欄，有如巨虎張口之姿。鐫「蓁巖」於上石，雕「稜層」在下石。下石之竅下，自成一洞，題有「嘯雲」二字，此即係夜月洞。中奉虎神，神左邊有斑爛猛虎一頭；雙目炯炯，作耽耽態。陰森兇狠，望而生畏。廈島名人詠其景曰：「海嶠東林日易昏，斑爛石虎傍溪蹲，前山皓照當頭落，一一和雲帶露吞」。寺中建一殿，奉三寶佛，殿前一石名「鯨石」；殿右爲功德樓與「三笑齋」。山腰間闢建公園，名爲「虎溪公園」；建造精到，故極秀麗。每當三五之夜，登岩遠矚，皓月一輪高懸，無痕藍天；光滿大千，平野有物皆白。景色清絕，故有『虎溪夜月』之稱著。明池顯方詠其景曰：「松間長榕各屈蟠，諸峯起伏復多端；過溪何止三人笑，入洞方知六月寒。杯影頻移依怪石，夕陽便愛倚欄杆；幾回餐得天風慣，凡骨還應長羽翰」。

篔簹漁火（大八景之六）

市北之篔簹港，位處金榜山麓，長十里許，闊四里餘，港中一嶼浮起，名稱「鳳嶼」，法院監獄建設於此。築路聯陸。港口有一圓石，潮至而浮，潮退則沉，號「浮沉石」；另有一石，俗稱「鷹搏兔」，天將起風，石下有聲，因又名「虎嘯」；相傳爲昔陳黯之釣磯石。明池顯方爲詠一詩曰：「潭雲島樹倏多年，誰料開荒是穎川；石兔麥田陪古隔，江魚篔港熟多天。子陵嚴瀨猶傳性，司馬終南不作仙；人去山空潮亦異，浪花長撲釣磯邊」。

港內江魚頗盛，魚背呈黃金色，目若瑪瑙，無鰾味極佳美，係世界所僅見之動物，傳該港於明末清初，鄭成功據廈以抗清廷時，順治帝御駕親征，擬自此港登陸，事被覺察，鄭成功出缺嘴大砲將其轟沉港中，該砲乃號缺嘴將軍；而港中江魚，因食順治之肉，於焉質變，故廈門有句俗語曰：「江魚仔食皇帝肉，暢得無[illegible]」。

前時秋多，漁舟片片，夜捕於牛家村港面一帶；登山遙望，萬點漁火，宛如列星錯綜；浮沉閃爍，幾疑天上銀河；景奇而美，是有「篔簹漁火」之稱。有人詠其景曰：「牛家村畔水雲鄉，萬頃烟波入夜涼，最愛月斜潮落後，滿江漁火列篔簹」。惟晚近篔簹港潮淺，漁舟亦遷泊廈港沙坡尾一帶，此港勝景，已成陳跡。

鴻山織雨（大八景之七）

鴻山寺處思明南路之中段，位近前昔之鎮南關，該關早經鑿斗，拓爲車路，而今三重洋灰欄上，鴻山寺依然傲踞。

步入鉄門，拾磴而升，即有精緻亭子一所，爲淪陷時添建。寺中樹木稀少，唯見古榕數樹，綴此名勝風光。寺院爲兩楹式，供三寶佛。距寺百數十武，有蛋形巨石一，上鐫「鴻山織雨」，筆鋒秀勁有力。天雨霈降，石前兩點，頻相交錯，一若織布然；比之他處，迥然獨異。近人對此奇異古蹟，賦詩詠曰；「鴻山雨勢太離奇，左右憑風作態吹；莫是天人誇巧織，故牽雨絲與風絲。」

鼓浪洞天（大八景之八）

鼓浪嶼日光巖又名晃岩，傲然龍頭山上，爲該嶼之最高峯，寺宇分前後兩所，奉三寶佛。寺後巖石磊磊屹立，奇險天成，沿迂迴幽徑而上，迎面即見「鼓浪洞天，鷺江第一」八字；再上爲「古避暑洞」；間有峭壁一方，上鐫「天風海濤」，筆力雄勁，爲許世英所題。稍息續行，即見鄭成功屯兵廈門時，作爲訓練水兵之「水操台」，汪精衞未當漢奸時，曾來此一游，亦祟忠以詠曰：「勁節孤忠久寂寥，河山遺壘未全消，高台月皎霜寒夜，髣髴如聞白馬潮。」立台上遠眺廈鼓，靈山秀水，盡入眼簾。

山下有井，名「三不正」井，乃當時兵士所挖，水味甜美，爲嶼人所珍重。林鶴年題詩詠曰：「海枯石爛滄東溟，幾度滄桑眼底經，唯有山泉依舊好，月明留影照冬青。」廈市名人亦有詠鼓浪洞天之景云：「衣帶盈盈隔鷺江，浮丘淨土說桃源，夕陽溟勃連天盪，龍窟無風浪自翻。」

四，小八景

金榜釣磯（小八景之一）

梧村金榜山，又名塲老山，去市四里有餘，爲唐文士陳黯居地。陳黯字希儒，負有不羈奇才，赴試十八次，均名落孫山，以致抱恨泉台，潔身江海之畔，垂絲釣魚以娛晚景，故有「金榜釣磯」勝蹟。而此清高不俗之士，終即歿身於此。陳黯之父，諱贇，因避黃巢之亂來廈，與薛令之孫同時徙居，遂有南陳北薛之名。娶江夏黃夫人，僅出黯一人。自少聰穎異常，十歲能詩，十三歲時發痘瘡，致成癞面。牧人戲共「藻才花貌」，請白歌詠；黯即遂聲應對曰：「玳瑁應難比，斑犀豈不如，天嫉未端正，滿面興裝花。」於是聲名大噪。唯赴試十八次，終皆落選，心灰之下，於此山上闢築一室，名「迎仙樓」，作爲興來詠讀；并自號埸老，因有「埸老山」之名。山間有石，謂「釣魚磯」，臨海即筼簹港。宋朱熹主政同安時，會集其文賦詩詞，分爲五卷，爲之作序。并來金榜山一遊，作金榜山記，且於石上鐫「海濱鄒魯」四字，墨跡至今猶留。後人有詩感慨曰：「金榜山隈鷺水涯，有唐埸老此垂綸，如今祗剩遺磯在，千載灘頭浸碧漪。」

白鹿舍烟（小八景之二）

白鹿洞位虎溪岩之背後，循楷直上，沿途岩石屼屹，峭壁若障；百數十武而抵「一線天」。過此即白鹿洞在望。

玲瓏殿宇，中供奉三寶佛；狹長庭前，挖有半月形小池一，其名「龍泉」。明澄清澈，終年不涸。殿左一池，名「琮琤」，泉從石隙沁出，味甘而清。殿後有「御山亭」，「六合洞」，「朝天洞」，盡處爲「宛在洞」，白鹿一頭，蹲伏洞中，鹿口抬向石罅，時逢炎夏，罅中湧出障霧，故有「白鹿舍烟」之稱。騷人詠其景曰：「清可偕佛靜川禪，老亭精舍寺東偏，應知鹿是聽經慣，晨夕舍烟護講筵」。

相傳先前該石罅處，日恆吐米一次，不多不減，適供寺中衆僧一日之糧；僧增吐米亦增，僧減吐米亦減，因乃引起一僧之貪念，以爲米罅挖大，米出當必倍多，遂私破其罅，而米竟因之告絕。其事雖類神話，然亦不失爲警世之談，因順誌之。

金鷄曉唱（小八景之三）

金鷄亭在馬隴山麓，距市二十里，車行可達。寺爲三落兩赤廊之建築物，前供四大金剛，中供千手千眼觀世音菩薩，後爲玉皇殿，左廊客堂，右廊僧舍。俗傳前有馬隴社人，掘地見一石鷄，乃建亭於石上，名「金鷄亭」。亭前一井，井上棋杆，每當巽風起時，即能呼呼自叫，報曉雄鷄，於是隨聲附和，由此聲傳，唱遍整個廈市，「金鷄曉唱」之名於焉產生。墨客即景詠曰：「東方欲白月初西，戒且輸音喔喔啼；自是栖身暘谷近，先聲得徹一城雞」。今此井經填爲車路，棋杆是否能自作響，已無從稽考。然寺聯謂：「亭傍金雞地開正覺，江環白鷺門對大觀」。依此査考，卽知其亭實築諸石雞之上，其寺面對大觀山，是卽此亭居處「巽位」，該處雄雞，故能先聲報曉。

龍湫塗橋（小八景之四）

龍湫亭在禾山湖邊社內，距城三十餘里，有車可達。戰亂旣張，是亭精粹盡毀於兵燹；今經興工脩葺，不久當可恢復舊觀。

亭之下有洞一，號「龍洞」，綠水濆湧，四時不涸；源通亭前放生池，池邊古榕漫天，爲暑李絕佳乘涼地。步向亭左，數十武卽抵「塗橋」；橋架溪流中間，純爲土質，傳昔有龍困淵中，値雷雨之際，滾身出淵，穿土成洞，嘯騰而去，塗橋橋洞，卽係龍穿之處，「龍湫塗橋」勝蹟，名生於此。詩人詠其景曰：「神工鬼斧說龍湫，虹帶跨江但砌塗，風浪千秋橋不斷，數人趁䨇笑西湖」。

亭後數百步，有虎山塔，計級有七，於是處可覽眺全島；因年代湮遠，且復失脩，早成蛇鼠蝙蝠棲蟄之所，飛禽羣相築巢巔上，徒添游人無限憑弔。

天界曉鐘（小八景之五）

每當晨曦朦朧，或是暮靄蒼茫之時，醉仙古寺一帶之鄰山野原，卽聞琅琅鐘聲，隱然趁風四颺，此卽天界寺「醒人塵夢」之響鐘是也。墨客有詩詠此景曰：「醉仙古寺入雲遙，破曉霜鐘落玉霄，塵夢半醒聲百八，發人深省上心潮」。

步上公園南路，轉入虎園路之左彎，循「問仙路」而行，前面卽爲「醴泉岩」。岩中崖峭，有石成竅，深二尺餘，泉水常滿，澄而味甘，是稱「仙井」；一般信女善男，時至此間探井，視井中之幻象，而占休咎。

續沿澗邊石階而升，疊翠濃蔭，野花鋪路，宛入園圃。踏進寺門，卽見「天界寺」與「醇仙岩」幷列。游履暫憩，乃轉由寺後崎嶇峽道而行，數百武而至「仙跡石」，「仙浴盆」及「長嘯洞」，洞中冷風颼颼，聲若怒浪驚濤。洞上爲「曠怡台」強步其上，「海外靑山山外海」之旖旎絕景，盡收眼底。

萬石朝天（小八景之六）

萬石岩距市井二里許，巉巒嶙峋，高峯戴雲，故有「萬石朝天」之稱。每當天氣陰晦，灰雲低迷峭岩，又有『萬石鎖雲』別號。

由公園南路出發，經半山塘，循小路而行，即見萬綠叢中，珠色寺脊隱隱外露；磊磊巒峯，朝天昂揚；潺潺泉流；來自萬石重疊幽谷，懸瀑如練，去自透迤迴曲清溪。行至山腰，一峯名『象鼻』，狀至酷肖。循崎嶇山徑右繞而上，奇石林立，濃陰成蔭；有一石鐫「高山流水」。又有一「海金橋」。澄水滿塘，明可鑑容。水穿橋下。流入石穴。依順水勢，且效漁父問津，攀下幽晦岩谷。觀徑之紆迴，蜿轉前行，即有平坦之地可作偃臥，闊曠之地可供置食；低凹之地可爲趺坐；滂穴之地可用濯足；高曠之地可以挺立；行約里餘，始出竅外，身置其間，大有臨「水簾洞」之感覺。

入岩為「德壽橋」，中建大雄寶殿，轉入右邊即「獅子洞」；洞上乃「妙蓮花香」，供奉釋迦文佛。殿後「功德林」，「念佛堂」，堂右峭石勒「萬石朝天」四字。歷人墨客，遊此多有吟詠，中以陶元藻一首爲最佳，詩曰：「塊壘呈海濱。奇狀非一類，點頭固有靈，呼丈亦何媿？琳宮嵌嵯峨，一徑入幽邃，嶺崎歷落多，我醒石已醉。風懦雲懶行，日夕山欲睡，木末寺樓高，微吟坐蒼翠。」

中巖玉笏（小八景之七）

玉笏係古代大臣朝拜天子所執之手板，時至今日，此物已成陳跡，唯有中岩一石，形肖「玉笏」，屹立庭間，高聳朝天。佳景天成，乃有「中岩玉笏」之稱。

沿萬石岩前之「海金橋」邊拾級而上，便抵中岩。入門即見古松參天，峭立石壁，雕有黃仲訓所題之「松石問意」四字。沿階續升，乃至「放開眼界」山門；中間一殿，有鄭成功十像。入「中天竺」，抬眼即見大雄寶殿；殿左「玉笏」石，赫然孤立其間。石邊築一齋堂。殿後一洞名「玉泉」，床椅橫陳，供人消暑，綠陰掩映之下，又至禪室一所，鐫名「佛國」，景色至爲明秀。

近人有詠玉笏詩作曰：「勾住閒雲作岫嶺，干霄玉笏自朝天；嶙峋瘦骨稜稜立，半類枯禪半類仙。」

太平石笑（小八景之八）

扳出中巖之「歡喜地」，即爲往太平巖之大路，路畔有石，勒「眼中滄海」，「海山雲根」與「海嶼奇觀」等題字。步入山門，便見一石笑容可掬，恭迎游人；石刻台陽鄭錫霙之詩曰：「石不能言笑口開，讀書深處有莓苔；童鶴莫問當年事，鯤海騎鯨去不回。」另有題詩曰：「極樂太平日，鷺江石笑詩，笑中真意趣，唯有石能知。」

石笑背後為「極樂天」；登階而上為太平巖。寺中築有「棋盤迴向」式之樓閣一所，壯麗廣曠，別開古剎生面。殿右一石，滿鐫名人留詠；殿左為世尊殿；殿前即放生池，池中有管高出水面，水花四濺，尤為美觀。再進乃「海雲洞」，流泉潺潺，恍如奏琴；洞上有八角亭，雕「鄭延平郡王讀書處」。筆鋒勁秀有力。

五，景外景

寶山聖水（景外景之一）

寶山巖又名黃內岩，在吳村社後，去市十里有餘。翠峯環繞，樹木蔥鬱，地極秀美幽僻。泉清一竅，氣味清甘。相傳宋文天祥保幼主至此，掬水而飲，因其甜美，遂賜號為「聖泉」。其後社人吳善士擁山得寶，建寺供佛，乃稱寶山寺；「寶山聖泉」之名，於焉產生。岩左為「功德林」，右為客廳，後即「白雲洞」野花散香，綠樹成蔭，幽靜雅逸，令人留戀忘返。余西和尚題其景曰：「寶地同登淨土，香林無際入禪薰，高巖磊磊擁幽石，古洞悠悠鎖白雲。樹綠凝陰除熱惱，泉流入聖悟聲聞；更觀落日如懸鼓，回首陽台已夕曛。」

石泉龍液（景外景之二）

石泉巖築外清，有石穴如門，泉流從穴中湧出，清甘異常，有龍泉之美譽。石雕「泉磊」二字，側刻「孤嶂何年留鐵骨，寒泉終古結冰心」之句；其上又有一泉，名「冽泉」（即小石泉），為廈門三大名泉之一，與盧同同癖者，咸購此水煮茗，味甘而美，風格別具。甫蓮十詠此景曰：「何年殘骨結寒冰，剩有荒巖伴老僧，汲水頗供禪後粥，賣泉粗給佛前燈。潺湲晝夜無休息，元氣淋漓自鬱蒸；島客品茶嘗汝甚，取攜聯絡上崚嶒」。

碧山飛泉（景外景之三）

碧山巖在廈門港巡司頂，又名石寶寺；寺供藥王「神農」，市藥途公會以是設此。前有寺僧黯雲、琢石成溝，引泉流入石室，林宗巖乃題「飛泉」二字鐫其石；泉水清甘，爲厦門三大名泉之一。

步入山門，沿堦而上，即爲寺殿，殿右有一圓門，楣書「達觀」；入門即見一洞，係懸峭所自成，中有石桌石椅，以供休憩。出洞續行，拾級登上一台，梧桐濃蔭，遮遍台上臥土造臥睡榻，清風侵人，遊倦欲睡。台右有樓，寬敞靜穆，爲會客之所；藥途公會即設於此。殿左續有兩宇，一供「玄天上帝」，一供「註生娘娘」；再進即爲禪房。

該寺廢而重修；而霧雲僧之墓即存而荒圮，黃蓮士題懷其僧曰：「孤僧開闢翠微中，冷落梵王舊日宮；石徑無塵人不到，岩泉似綫覺還通。一山鐘鼓分喧寂，隔寺興衰悟色空，聽說霧公圓寂後，佛燈無焰守殘紅」！

白鶴下田（景外景之四）

白鶴岩處百家村之背面，岩傍兩山伸張，如鶴展翼；寺前水田一畝，地沃稻青；宛然張翼白鶴，臨高飛下恣態，是有「白鶴下田」之稱。

岩前綠茵如氈，蹴蹂其上，棉軟有趣。寺外石亭，隱隱流露萬綠叢中；一縷澗水，迂曲通接溪渠。樹茂景秀，宇潔人寂；白雲幾片，伴彼僧人山中寂寞。念西和尚詠其景曰：「祗樹花園蒼翠壑，山門對面百家村；禪宮寂靜處阿蘭，淨刹莊嚴如極樂。枕石聽敎水漱流，泓盧却伴雲栖託，追蹤佛滅度沙羅，葉變雙林成白鶴」。

聳天蠟灼（景外景之五）

思明南路之間，有青墓山一丘，鐵柵其門，楣有「紫雲」兩字，此即受刑黃金榜私人花圃。其中一石直峭，宛如灼狀，名「通天蠟灼」。俗傳每當夜深，船航海際，窮目遠眺，石梢能放異光，故有「聳天蠟灼」之稱。後爲江夏侯周德興所毀，靈異頓失。該黃金榜之昔日花圃，今經變爲垃圾之場！

紫雲得路（景外景之六）

紫雲岩處醉仙岩之東，道路曲折崎嶇，古榕蒼蘢，低橫阻徑；路前一石，屹立有似關隘，致使輿馬難行，而石上竟鐫上，「紫雲得路」四字，爲武四年間鄭尤沂所題。是岩始建明朝，迄今四百餘年，衰而興者至再。清末荒廢，迨民十九年由陳家瑜倡建，請轉俊師主持，未及半載，法師外出宏佛，工事遂輟。嗣由都通和尚續倡，先後築大雄寶殿，功德樓，積善堂，普同塔，化身窰以及游泳池，基底粗具，尚未達煥然一新之境。

該寺地抱山光，面瞰海色，悠悠然有出塵之秀，負山襟海之姿。周圍羣山聳立，爭奇獻秀；一泓泉流，出自樵溪，匯聚於游泳池。當淪陷時，敵偽闢車路通此，遊人更盛。

高讀琴洞（景外景之七）

高讀岩在紫雲岩之高處，爲延平郡王所建，作爲讀書之處，乃稱「高讀岩」。岩前有「琴洞」，其字係鄭尹揚揮題，筆力雄勁，迄今猶存。洞中可容數人，一脈清泉，久旱不涸，中一石形琴，潺潺湍流，如奏其聲。洞之周際，萬石環繞，屹岏峥嵘，洵爲奇景。距岩數武，有一坊表，爲「欽賜御葬」，乃廣東左翼鎮總兵許廷桂之坟，與「琴洞」岑寂共處。惜此岩久年失脩，已成塌廢，平添游人不少欷嘘！

壽山聽蟬（景外景之八）

壽山岩一名牛山塘，地近虎園路，幽靜雅緻。戰亂遭毁成墟，雜草橫生，青苔遍地。寺後岩屋，爲人停棺之所，柩木山積，陰氣森森，使人望之不寒自慄，是故游履早絕。清紀許國曾夜宿該寺，賦詩詠景曰：「登臨無定跡，每晤必依然，幛遠來帆際、苔深接寺前。似留栽竹地，聊詠浣花篇，夜半高談噱，客心恨屢遷」。其荒涼梗況，滿溢字裏行間。

抗敵成仁志士調查

自抗戰軍興，廈門失守，敵後工作之志士，立即赴湯蹈火，捐軀報國，當敵軍登陸禾山之日，首爲保土而成仁者有禾山區埔頭社義勇隊長林能隱，同年秋，復有潛伏人員歐陽彩雲女士之就義、未幾，熱血青年張弩等，奮起秘密組織復土血魂團，經一年又三月之出生入死，敵偽爲之膽寒，廿八年十月，竟爲漢奸破獲，壯烈犧牲者達二十人，廿九年秋，軍事潛伏機關附設於鼓浪嶼兆和廠，被敵買線加害，就義將近十人，卅卄冬，潛入廈鼓之奮勇隊，被俘六十三名，均慷慨成仁，卅一年，敵後總務工作人員，先後犧牲計達八九人，迄今廈人每一談及，莫不緬懷忠烈，痛悼良深，謹將各志士姓名年籍及成仁年月查列如左：（其他被累無辜不計在內）

（一）軍事工作成仁志士：

姓名	年齡	籍貫	成仁年月	
黃亞明	三十一	南安	廿九年七月	因刺殺逆被敵殺害
陳永	三十二	南安	廿九年七月	同上
王承水	四十	南安	廿九年七月	同上
林清川	三十三	龍溪	廿九年十月	因工作機關兆和廠被敵破獲慷慨成仁
陳錫昌	三十一	廈門	廿九年十一月	同上
陳福林	四十四	南安	廿九年十二月	同上
陳清保	四十二	廈門	三十年二月	同上
吳在談	四十一	同安	三十年十月	同上
林思溫	五十一	龍溪	三十二年一月十三日	因兆和案被敵腰斬
林添丁	三十	安溪	三十二年一月十三日	同上
鄭資深	五十五	龍岩	三十二年一月十三日	同上
陳少懷	三十三	閩候	三十四年七月	同上
歐陽彩雲	二十二	廈門	二十七年九月	情報文件失慎被敵活埋

又民廿九年夏，我軍事當局於各戰區組成便衣混成隊。廈門奮勇隊以各種方法潛入廈鼓，官兵達七十餘名，民卅年冬節日，大隊附鄭佑波，組長周永蓮等，因工作不慎，被敵領館拘捕，嚴刑迫供，全部

留廈隊員，先後被俘者六十三名，均慷慨成仁，遭敵暗害。至今白骨奚處，忠骸仍無着落云。

（二）黨務工作成仁志士：

姓名	年齡	籍貫	成仁年月	
紀志能	二十四	同安	卅一年七月一日	因公園炸案被捕跳海自殺以絕口供
黃文明	二十八	廈門	三十年十月	因澤案株連被處極刑。
黃寬福	二十九	廈門	卅一年六月十四日	被敵追捕自殺於廈港。
蘇全	卅六	廈門	卅一年五月十四日	放火燒毀敵屋遭處刑。
林炎山	二十四	廈門	廿九年六月	因血魂團案被處極刑。
邱介壽	二十五	海澄	卅一年七月	因炸僞綏靖司令被追落海身死。
戴目國	二十六	廈門	卅一年元月七日	因我方夜襲鼓浪嶼被敵斃。
王天賞	二十七	廈門	同上	同上
紀經端	三十	同安	卅一年七月	爲運武器來廈遭敵破獲致遭慘殺。

（三）血魂團團員成仁志士：

姓名	年齡	籍貫	成仁年月	
周碗全	二十一	惠安	廿九年三月廿日	被獲刑斃獄中
郭再寶	二十八	惠安	廿九年正月十六日	被斬首于白石砲台
李建成	二十二	安溪	廿九年三月廿五日	遭敵暗害
陳松柏	二十一	安溪	廿九年正月十九日	被斬于白石砲台
張豔秋	卅二	上海	廿八年十二月廿六日	刑斃獄中

王　連	二十	安溪	廿九年正月十六日	被處死刑
陳家聲	二十五	南安	廿九年五月十六日	同上
鄭　炎	卅一	廈門	廿八年四月	被斬于白石砲台
吳得水	二十一	安溪	廿九年正月	同上
梁水桶	二十六	安溪	廿九年正月	案發逃至廈港熟肉巷投井自殺
吳亞榮	二十一	廈門	廿八年七月廿九日	刑斃獄中
陳糞掃	卅六	廈門	廿九年正月十六日	被處死刑
葉流民	二十二	同安	廿八年六月十六日	同上
黃臭賤	四四	同安	卅年正月初六日	被斬首
林文蔡	二十一	同安	卅年正月十九日	同上
林　不	卅六	安溪	廿八年四月	同上
張嗣木	二十八	金門	廿七年	被槍斃
張辛英	二十二	廈門	卅一年十二月	被斬于白石砲台
潘文川	卅一	同安	廿九年正月十六日	同上
張世義	二十	同安	廿九年正月十六日	同上

廈門漢奸罪刑錄

廈門在抗戰中之人口損失，計受傷者一一六人。死亡者九二二人。財產損失計六九、六四六、五九一、二二五元（上述數目係三十四年十二月福建省政府令廈抗戰損失調查團所發表）此種之犧牲與損失者乃忠良之廈門民衆，今抗戰勝利，山河光復，而此種犧牲與損失既無可補償，則嚴懲當時橫行享樂之漢奸，為廈門民衆最低之要求。此種漢奸，初由肅奸會拘辦者達一百五十四人，乃迄今經年，由司法機關判處罪刑者連同金門部份僅四十餘，除少數尚未判決及台奸邱裕曹賜福簡仔旺等十六人將移軍法審判外，多已宣判無罪而釋放矣，茲將判決之漢奸姓名及其罪刑列明如左：

姓名	罪行	住址	判處徒刑	褫奪公權
林光明	兆和案叛國首犯	開元路一七三	死刑	終身
李思賢	偽廈門市市長	泰山路一四	十五年	十年
蔡培楚	受敵興亞院之命投資組織福裕公司專門製造鴉片	鎮邦路一〇	十二年	十年
林谷	偽華南日報社社長	傅厝墓二七	八年	八年
盧用川	偽經濟局局長	玉屏巷二四	七年	七年
洪舟	金門敵情報員	金門	七年	七年
王安傑	金門偽警長	金門後宅鄉	七年	
葉燕輝	串同台奸營五谷商	禾山店內社八	六年	
楊炳鱗	任浯嶼偽公署情報員		五年	五年
沈甲寅	仗敵偽勢力開設金銀商店	大井脚四〇	三年	三年
黃水生	鼓浪嶼偽商會理事長	鼓浪嶼龍頭路二五九	三年	三年
葉則庵	偽市政府參事兼代教育局長	中山路一三五	三年六月	
吳兆利	敵領事館情報		三年	
阮淡水	交通船採貨員兼敵情報	鼓福建路四五	三年	
楊廷樞	偽高等檢察署檢察長	雙連池四二	三年	
羅文興	偽東區警署長	蘇厝巷	二年六月	三年

金馥生	偽市府財政局局長	玉屏巷二九號	七年	
蔡添賜	敵警察本部情報員		二年六月	三年
王天和	金門偽政府第三科科長	金門後浦南路	二年六月	三年
薛達民	偽財政局股長	大同路一四	同上	三年
王廷植	五谷商店東	金門大街	同上	三年
陳永泰	禾山偽保長		同上	三年
許世昌	偽司法檢察官	光彩街五一	同上	二年
陳亞生			同上	三年
陳水池	金門偽財政科長	後浦東門十一甲九號	二年六月	二年
洪德馨	禾山偽警察分局局長		同上	二年
吳文魁	偽警察局行政科長	牆頂巷五一	同上	二年
林燕青	偽東區警察分局局長	禾山	同上	三年
曾貽發	交通船員兼情報	八卦埕二九	同上	二年
黃抱愁	偽北區警長	角尾路	同上	二年
林鴻爐	大千娛樂場董事兼會計	鼓浪嶼中華路五九	同上	二年
王盛典	偽保衛團東區團長	外清釋仔街九九	同上	二年
陳振賢			同上	三年
陳見圖	偽市政府祕書長	古城西路一〇	同上	
蕭金祥	烏石浦偽甲長	禾山烏石浦	同上	
洪文忠	兆和案主犯之一	鼓浪嶼	同上	

柯石頭	偽特務警長及情報員		二年六月	
陳文東	敵武官情報員	海後路五四	同上	
譚培棨	偽市府參事及僑務局長	公園西路三一	同上	
潘光漢	鼓浪嶼偽區商會主席	龍頭路三一三	同上	三年
陳遜武			同上	緩刑四年
謝若濂	偽維持會司法處主任審判官 地法院檢察官	八卦巷三	一年三月	一年
周龍潛	偽禾山湖邊分駐所所長		一年三月	
來汝麟	偽警局科長	福河宮	二年六月	

厦門敵偽就殲錄

厦門淪陷達七年又一百四十五天，日敵即施其一貫之「以華制華」狼技，收買漢奸，供作傀儡，一般喪心病狂，甘心認賊作父之徒，甘爲敵用，組織僞府。於是漢奸配合敵人，藉節制物資爲名，搜剝民脂民膏，藉整編戶口爲名，捕殺愛國志士；鬼域害人，一至此極，第其壓力愈重，反抗力亦愈大，此爲物極必反之道。我閩夙有海濱鄒魯之風，人民重禮尚義，目擊兇頑強橫，寧勿齒冷！故甘踏白刃而弗辭輒殲巨憝。奸敵爲之胆寒，茲就廈門淪敵期間志士狙殲奸敵之犖犖大者列後：

洪逆立勳——任廈門僞維持會委員，兼僞商會長。於民國廿八年四月初，遭狙殲於鼓浪嶼龍頭街啓新印刷所門前；旋即急弁泉州路晉惠醫院就診，終以彈中要害，死得其所。

田村豐穗——任敵陸軍特務機關長，（即敵情報，政治，經濟等負責人），兼策動侵閩之主角。於民國廿九年六月廿八日上午八時餘，就殲於廈門民國路西庵宮附近。

黃逆蕙舫——任廈門僞市府參議，於民國廿九年四月間就殲於鼓浪嶼濟州路口（即大宮後）。

澤重信——任敵台灣總督府派駐厦門囑託，兼華南情報部長，厦門全閩日報社社長。精解閩粵方言，熟悉風情習俗；爲敵國支那通之一，受敵台督所器重。於民國卅年十月廿六日下午二時許，就殲於厦門大中路喜樂咖啡館（卽今美景餐館）門口。

忠山貞夫——任鼓浪嶼工務局敵警長，於民卅一年一月八日晚，被我瓊鼓志士當場擊斃於康泰鞍。

此外尙有僞法院之奸官黃仲康及僞勸業銀行董事長殷奸雪圃，被狙受創，惟傷非要害，幸留人間，今黃逆雖未判罪，而殷逆早經消遙、當年因殷案被敵捕殺之志士，九泉恨未平，固可知也。

厦門之危險人物

厦門爲新興都市，舉凡都市，應有之產物，亦隨而具備，就危險人物而言，雖不若上海之折白黨仙人跳等之利害，惟內陸鄉愚與歸國華僑偶遊厦市，倘不加意留神，則危險人物有隨時臨頭之可能，茲爲分述如次：

一，謹防扒手　厦門之扒手技術尙佳，探囊取物，易如反掌，且有組織，人數達百人以上；分據地區，立有信條，以輪渡碼頭，鷺江道，海後路，大同路，各戲院口等爲其活動場所，每區有頭目一，且利用十二三歲小童混什於人羣中，大施妙手，鄉愚與華僑受害爲最，其信條：一，不越界活動，二，扒獲物不於二十四小時內變動，以備顯要追討，三，扒獲物絕對公開，不私飽暗吞，四，對被害人及警探之制裁不取報復。五，行竊時如有第三者出而檢舉必予報復，此種人物，一經破獲，由警局而法院，由法院而復員，抓不勝抓，久而久之，警探大都認識無遺，故權貴失物，按級跟查，追回甚易也。

二，撲克鱸鰻　撲克牌厦市稱謂『紅公牌』，一般鱸鰻每三五成羣，臨時組織，僅以大紙一張，撲克牌三只，選定鄉愚與華僑叢集之地，蹲踞道旁，以三兩人觀防警探，以一人爲賭東，三兩人（且有女性）爲賭友，三張撲克混摸混壓，口念：「一千賠一千，一萬賠一萬」，於是賭夥僞以三五千元選壓，則壓無不中，圍觀者倘誤以爲贏錢容易，參加決戰，則「必輸無贏」，蓋若輩人手一多，變法無窮，萬一賭者得勝！則羣喊「警察來了」，連勝者本錢，亦被奪而去。總之，此乃一軟法騙局，亦含硬性奪取成分，此外尚有猜壓黑白點，其騙術略同，幸行旅過客，萬勿惠顧，致自招損爲要。

三，官人仙跳　「官人仙跳」者較之仙人跳稍遜一籌，蓋厦市名爲禁娼，其實私娼滿佈：妙香路幾變花街，石聖巷亦成柳巷，前者多北地胭脂，後者則係南朝金粉，其他架舞業者則點綴於良善人家。行旅騷客，或則登門問津，或則召伴旅舍，此種交易，原屬彼甘此願，惟每於夜半更深，「官人」突來，僞稱調査戶口，以「多來一男」或「多來一女」爲罪，出口恫嚇，畏事者至此，先則飽受虛驚，繼則又是破鈔，故尋花問柳者引爲畏途，吃虧後則以「官人仙跳」稱之云。

四，角頭好漢　角頭好漢原爲地方勢力，戰前台氓之持勢横行，角頭好漢屢與對抗，當時烟賭林立，好漢生活亦半靠此維持、勝利後，台氓絕跡，好漢復員，烟賭嚴禁，故另尋出路，以海陸工作之靠生活者爲出路，常因爭奪利權啓釁，傷及人命，當局亦莫奈之何，實非地方幸事，現好漢除三大姓（卽丙洲陳石蟳吳後麝紀）外，有城內，草仔垵，大王，厦門港，過去稱爲四大角及新興之和鳳宮等派。中以少年輩爲不好惹云。

五，海邊鹵麵　本市光復以來，正事未興，奢華倍昔，夕陽風月，子夜笙歌；尤其海邊一帶，更不讓秦淮專美，蓋華僑出入，擁有美金，且喜尋芳訪豔，故海後路鷺江道客邸前後，「鹵麵」咸集，「鹵麵」者則下等妓女之謂，此輩可憐虫，迫於生活，不惜自戕肉體，傷及國體，非但兜攬洋客，且有下輪招徠洋人者，惟衞生弗顧，以致身多梅毒，故光顧者一度春風，則大呼倒霉，亦危險甚矣！

中國政府註冊
英國政府註冊
荷蘭政府註冊
暹羅政府註冊
安南政府註冊

閩南總經理 怡青號 鼓浪嶼大捷

年抗戰。遷入昆明　勝利復員。新廠開幕

森路二六三號

靈芝藥廠

港行莊士敦道一〇八號
滇行昆明同仁路十三號

廣州總行太平路一〇一號

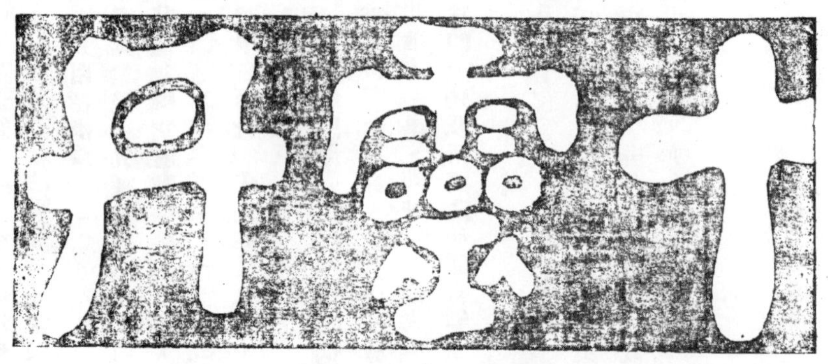

止痛退熱 ● 功效快捷

鼓浪嶼怡青代理龍頭路三八八號電話二四三電報掛號（ECHENG）

逢痛必止・快過打針

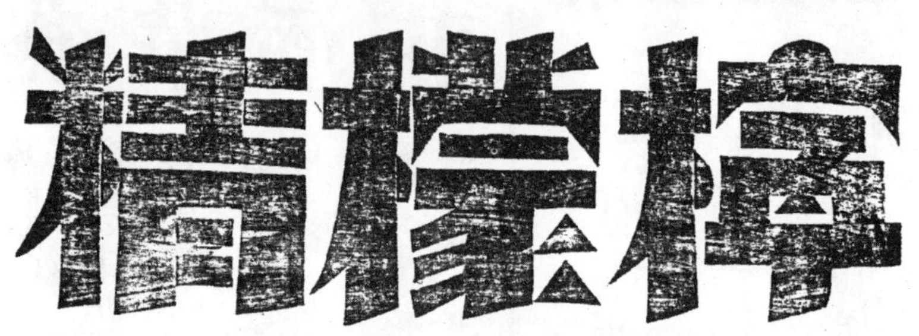

常服清熱去溼消滯除痰。用必滿意到處歡迎

普濟海狗丸　卵巢鳳凰蛋　止咳檸檬露　淋濁鐙斯威　救急檸檬油

香港大道中廣州一德路普濟檸檬精藥行出品

廈門代理大中路六十號　亞洲藥房

廈大旅社

附設美園酒家

經理　洪如欽　洪維嶽

住址思明西路62 64 66號

電話
三六號（二樓）
六四〇號（四樓）
五六二號（五樓）
一〇六三（美園）

環球名藥
批發零售

民安藥行

廈門昇平路一號
電話一一一三號

成藥翹首

本商店創設於南洋羣島滬粵潮汕各地分設來廈凡二十餘年經售中西名家正莊藥品歷向不賣僞藥不貪厚利有口皆碑無論環境如何惡劣堅持本旨以利物救人爲己任常備救急扶危丹膏丸散衛生補品藥醻利濟人羣者尚希留意庶不致誤買僞藥也

廈門鎮邦路五十八號

會豐商店謹啓

婦女福音
天壽堂
姑嫂丸
專治婦女赤白京痛暗病不孕
海狗丸
治男子腎虧及一切虛損
男界補品

止痛藥王

真善止痛精

立止一切痛症快捷有如閃電

靈芝

濟衆水

專治霍亂抽筋疴嘔攪腸急痧

閩南總代理

厦門大中路宜生藥行

建成綢布商場

綢緞 呢羢 棉布 新裝

花樣最新

尺碼最足

備貨最多

價目最廉

行址：厦門大同路 泉州中山南路

電話：批發部一三二三 門市部九〇七

電報掛號四九九九

厦門信箱八號

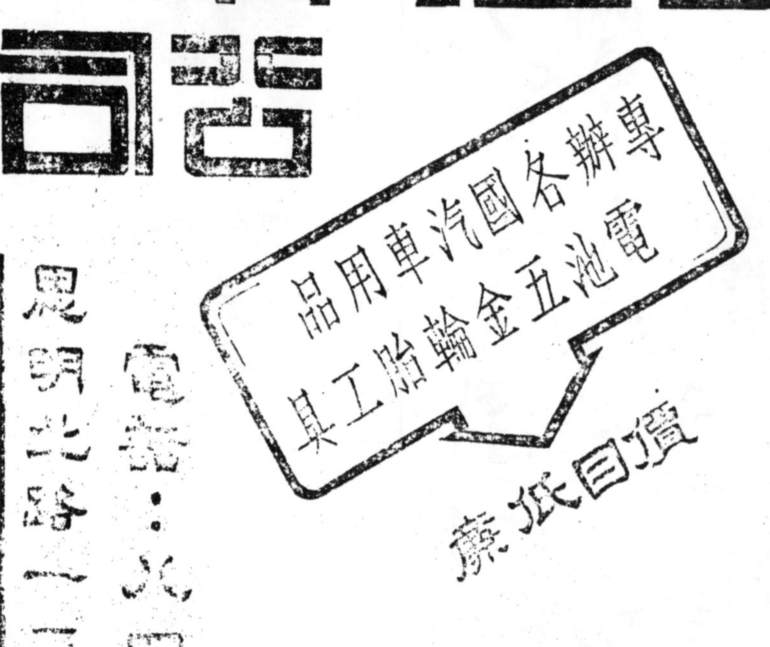
大達汽車公司
專辦各國汽車用品
電池五金輪胎工具
價目低廉
特別汽車
歡迎租用
結婚旅行
舒適便利
電話：六四九
思明北路一三〇一五二

中山路輪渡頭

中山路口（中南銀行對面）

益同人公會附設平價食堂

電話四七五號

閩通輪船公司

主要業務

電話
三樓：一一六五
二樓：一〇一七
樓下：一〇六五（報關行）

1、自置各型輪船航行各港
2、附設電通報關行
3、代理國內外各港船務
4、代客辦理出入口事務

住址：廈門鷺江道七六號
電報掛號一〇〇一

航行廈門安海線

慶和輪

船身堅固　坐位清潔
速率第一　招待週至

和豐船務公司
和豐信局

廈門海後路

義華行

電話：四三九號

（糖菓）（罐頭）
（麵包）（西餅）

本店中山路二四七號
分店思明南路四一四

註冊 東南釀造 商標

金泉

流霞

花雕

國酒

竹葉青

東南釀造廠

辦事處海後路二號電話五三一

廠址後江埕三十九號電話七九

高貴
大紅寶牌
香烟
紅要可紅
寶中至緊
RUBY
CIGARETTES
VIRGINIA
20 CIGARETTES
請吸
紅寶牌香烟
閩市經銷處新亞貿易公司大同路四六二
上海中美合辦康樂烟草公司營業出品

同文書庫·廈門文獻系列

第一輯

壹　王步蟾　小蘭雪堂詩集

貳　張茂椿　翁吉人　固哉叟詩集　寄傲山房詩鈔

叁　蘇大山　紅蘭館詩鈔

肆　沈琇瑩　寄傲山館詞稿　壺天吟

伍　林爾嘉　林菽莊先生詩稿

陸　李禧　夢梅花館詩鈔

柒　余謇　寶瓠齋襍稿（外三種）

捌　蘇警予　謝雲聲　甲子雜詩合刊　菲島雜詩　海外集

玖　羅丹　稚華詩稿

拾　徐原白　同聲集

第二輯

壹　謝祐　賦月山房尺牘

貳　黃瀚　禾山詩鈔

叁　邱煒萲　揮麈拾遺

肆　林爾嘉　李禧　頑石山房筆記　紫燕金魚室筆記

伍　蘇逸雲　臥雲樓筆記

陸　陳延謙　劉鐵菴　止園詩集　鐵菴詩存

柒　陳桂琛　陳丹初先生遺稿（外一種）

捌　賀仲禹　繡鐵盦叢集　繡鐵盦聯話

玖　蘇警予　二菴手札

拾　虞愚　虛白樓詩

同文書庫·廈門文獻系列

第三輯

壹　胡鉉　椽筆樓初集
貳　吳錫璜　吳瑞甫家書（外一種）
叁　邱煒萲　菽園贅談
肆　蘇逸雲　臥雲樓雜著
伍　蘇警予　曠劫集
陸　黃伯遠　莊克昌　紅葉草堂筆記　感舊錄
柒　葉長青　松柏長青館詩
捌　海天吟社　鷺江梅社　海天吟社詩存　鷺江乙組梅社吟草
玖　林爾嘉　菽莊叢刻（外二種）
拾　陳桂琛　近代七言絕句初續集

第四輯

壹　吳蓀年　吳兆荃　繪秋樓詩鈔　小梅詩存
貳　呂澂　介石山房詩稿（外一種）
叁　邱煒萲　嘯虹生詩鈔
肆　李維修　寸寸集（外一種）
伍　沈觀格　拙廬談虎集
陸　江煦　草堂別集　圭海集
柒　謝雲聲　靈簫閣謎話初集
捌　曾兆鼇　玉屏書院課藝
玖　林爾嘉　菽莊小蘭亭徵文錄　鷺江泛月賦選
拾　江煦　鷺江名勝詩鈔

同文書庫·厦門文獻系列

第五輯

壹　黄家鼎　馬巷集

貳　邱煒萲　五百石洞天揮麈（上冊）
　　邱煒萲　五百石洞天揮麈（下冊）

叁　李㟞崐　懷谿樓詩稿（外一種）

肆　楊紹丞　壬申重陽集　虎溪踏青集

伍　蘇玉如　劫後餘吟
　　陳佩真

陸　蘇警予　厦門指南
　　謝雲聲

柒　茅樂楠　新興的厦門（外一種）

捌　吴雅純　厦門大觀

玖　陳世鎔　陳化成抗英事略